中近世ハンザ都市の展開

ま え が き

　最初の単著は 1997 年に上梓した『中世ハンザ都市の研究——ドイツ中世都市の社会経済構造と商業——』であった。そこではハンザ各都市で中世末に相次いで勃発した都市内抗争について比較検討することによって共通する事件の性格について検証を試みたが，これらの一連の都市内抗争が同時期に南ヨーロッパでも生じていたいわゆるツンフト闘争とは根本的に異なるものであり，主に旧東ドイツ等東欧の研究者が市民闘争と評した抗争とも異なるものであったことが明らかになったように思う。

　このように異なる性格の抗争の勃発した中世都市自体がヴェーバー M. Weber やエネン E. Ennen 等が言及してきたように明らかに北部ヨーロッパと南ドイツやスイスとでは異なるものであったと考えられるにもかかわらず，北ドイツを中心とした中世ハンザ都市がどのような特徴を有するのかは必ずしも論じられてこなかったようにも思い，2010 年末に 2 冊目の単著『ハンザ都市とは何か——中近世北ドイツ都市に関する一考察——』を論文集としてまとめた。

　その後史料が限られることもあって研究成果の少ない中世ハンザ都市の財政と経済動向とを見るうちにハンブルク経済に大きな影響を与えたビールの生産や貿易，リューベックの塩貿易等が都市財政に与えた影響に大きな関心を寄せるようになった。そうした研究の過程で，リューベック，ハンブルク等主要都市はもとより多くの中世ハンザ都市についての研究蓄積は豊富であり充実してもいるが，中世都市の近代化の過程については驚くほど研究が少ないことに気づかされた。以前から比較都市史を考える時，ただ同時代の制度や状況を比較するだけでなく，時間的経過の中で中世都市が近代都市へ移行する過程を比較研究することの重要性を意識し興味をもっていたので，その後その一端をハンブルク，リューベック等のある程度史料のある都市での比較検討を試みてきた。すでに，前著『ハンザ都市とは何か』の補論で中世から近世にかけてのハ

ンブルクの財政ならびにビール醸造業との関連でハンブルクの近代化の過程について書いたが，本書では改めてハンザ都市の財政を比較検討し，ハンザが終焉を迎えた三十年戦争期から植民地物産の貿易拡大期にまで期間を広げ，リューベックや中堅ハンザ都市にまで対象を広げて検討を試みた。基本的に第1章では14世紀後半から15世紀前半を，多少重複するが第2章では15世紀中葉から16世紀を，第3章では17世紀から18世紀を中心としたが，例えば2章の塩やビールについてはまとまりを維持するため当該対象世紀を超えて記述した。他にも世紀を超え，一部重複した記述があるが，章の独立したまとまりを維持する，あるいは動向を明らかにするためである。

　先行研究がきわめて少ない分野でもあり，時間をかけて丁寧な実証分析等内容の吟味を十分にしたいという思いもあり，その意味ではいわばまだ志半ばというところではあるが，定年を間近に控えた2018年度に勤務先の中央大学より短いながらもドイツ・ハンブルク等で過ごす時間を与えられたのを機に一応のまとめを試みたのが本書である。

　初出は次の通りであるが，重複部分の削除や脱稿後に新たな文献が刊行され，それにより明らかになったことなど必要な修正は加えられている。

「中世末から近世の都市ハンブルクの経済発展と財政基盤」『商学論纂』第51巻第3・4号，2010年。

「15 〜 16世紀におけるハンザ都市の商業振興」『商学論纂』第54巻第3・4号，2012年。

「中世末期ハンザ都市ブラウンシュヴァイクの財政」『商学論纂』第54巻第6号，2013年。

「中近世ハンザ都市におけるビール醸造業について」『商学論纂』第55巻第1・2号，2013年。

「中世末期におけるハンザ都市グライフスヴァルトの財政」『商学論纂』第56巻第3・4号，2014年。

「中世末期のハンザ都市の税収について」佐久間英俊／木立真直編『流通・

都市の理論と動態』中央大学企業研究所研究叢書 36, 中央大学出版部, 2015年。

「ハンザ都市の商業構造—北海・バルト海における塩とビール—」斯波照雄／玉木俊明編『北海・バルト海の商業世界』悠書館, 2015年。

「中世末期のハンザ都市財政における歳出について」『商学論纂』第 57 巻第 3・4 号, 2016年。

「中近世バルト海域における塩の貿易について」『武蔵野法学』第 5 号, 2016年。

「17 〜 18 世紀における都市ハンブルクの経済事情」『法学新報』第 124 巻第 1・2 号, 2017年。

「17 〜 18 世紀におけるハンザ都市リューベックの経済事情」『商学論纂』第 59 巻第 3・4 号, 2018年。

「三十年戦争期の都市ハンブルクの経済事情」『商学論纂』第 60 巻第 5・6 号, 2019年。

「中世ハンザ都市の近代都市化移行過程の比較研究」木立真直／佐久間英俊編『現代流通変容の諸相』中央大学企業研究所研究叢書 41, 中央大学出版部, 2019年。

　このように研究成果を出版することができたのは作成に至る過程で多くの方々にお世話になり，ご教示いただいてきたからである。前著上梓後慶應義塾大学大学院でご指導いただいた寺尾誠，渡辺國広，中村勝己先生が相次いでご逝去され，終始励まし，応援をして下さった中央大学名誉教授高橋清四郎先生も亡くなられた。本書の刊行を準備していた時には，ハンザ史研究を始めるきっかけを作って下さった日本ハンザ史研究会前会長の高橋理先生の訃報に接した。学恩ある先生方に本書の上梓を報告できないのは誠に残念である。

　中央大学の同僚の先生方，とりわけ商学部の先生方には公私ともにお世話になってきた。専門を超えての激励は，雑務の増大を理由に研究から離れがちな筆者の背中を確実に押してくれたように思う。また，日本ハンザ史研究会では

会員の先生方より専門的見地からご意見をいただき，ご教示をいただいた。心よりの感謝の意を表したいと思う。

　本書作成の過程では中央大学から特定課題研究費の補助を受け，最終段階では中央大学から短期間とはいえ在外研究の機会を与えられ，また 2020 年度の出版助成費をいただき，経済的，時間的な支援を受けた。出版事情の厳しい中で本書が刊行できたのは，出版助成費の支給にご尽力いただいた平澤敦先生，出版部の橘由紀夫副部長ならびに担当の中沢希実子さんのご尽力に負うところが多い。皆様に心より御礼申し上げたい。装幀では娘の中学時代の友人山辺りさき氏にお世話になった。記して感謝の意を表したい。

　最後に私事ながら筆者の研究を応援し，励まし続けてくれた妻信子にも心より感謝したい。

2020 年春

斯　波　照　雄

序

　第 1 章ではこれまで中世ハンザ都市史の研究において研究が必ずしも進展してこなかった 14 世紀末から 15 世紀初頭の財政動向について検討し，第 2 章では第 1 章と時間的重複はあるが，ハンザ商業圏へのオランダ，フランス，イギリスなどの進出が顕著となり，地域環境が厳しさを増す中でのハンザ都市の塩貿易，ビールの生産，貿易ならびに商業振興についての検討を試みた。第 3 章では 17 世紀前半のドイツを疲弊させたという三十年戦争期からのハンザ都市の商業の動向についてハンブルクを中心に比較検討を試みた。

　ハンザ史研究はこれまでいうまでもなくほぼ中世から近世初期までに限定されており，都市史においても，特定の個別都市については若干の蓄積はあるものの，近世から近代にかけては先行研究の少ない分野であるといえよう。それは史料が限定されており，多くの視角からの研究が難しいことだけでなく，北の商圏においてハンザが中央集権国家に貿易活動の主導権を譲り渡し，その構成都市もまた同様に政治力，経済力を失っていったという評価が定着していたことによるのではなかろうか。

　しかし，中世ハンザ都市それぞれは，地域事情とも関連して個性的に近代都市化を進めていったと思われる。近代に向けての成長の度合いにもそれぞれ違いがあった。したがって，中世ハンザ都市の近代都市化を明らかにするためには，その多様な過程の比較研究とその総合が必要不可欠であると考えられるのである。本書では，以上のような現状をふまえ，中世ハンザ都市の近代都市化への原点を探り，その道筋について考えることを試みるが，それは序論にすぎない。今後の研究の進展に期待したい。

地図 1

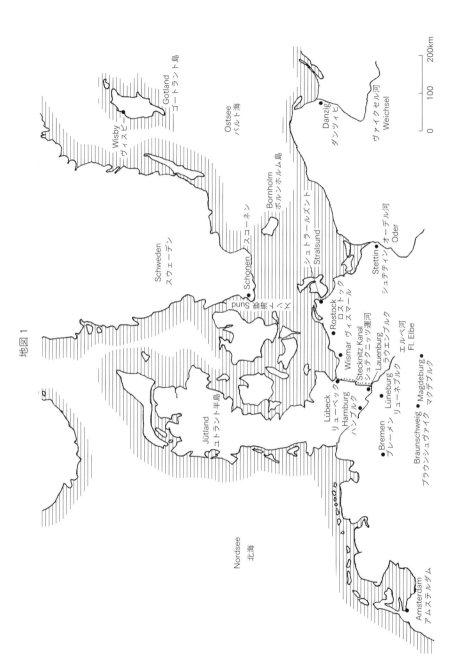

200km

100

0

Weichsel
ヴァイクセル河

Gotland
ゴートラント島

Wisby
ヴィスビー

Ostsee
バルト海

Danzig
ダンツィヒ

Schweden
スウェーデン

Bornholm
ボルンホルム島

Stralsund
シュトラールズント

Oder
オーデル河

Schonen
スコーネン

Stettin
シュテティーン

Sund
海峡

Rostock
ロストック

Wismar
ヴィスマール

Stecknitz Kanal
シュテクニッツ運河

Lauenburg
ラウエンブルク

Elbe
Fl. Elbe
エルベ河

Lübeck
リューベック

Hamburg
ハンブルク

Magdeburg
マクデブルク

Jütland
ユトランド半島

Bremen
ブレーメン

Lüneburg
リューネブルク

Braunschweig
ブラウンシュヴァイク

Nordsee
北海

Amsterdam
アムステルダム

vii

目　　次

第 **_1_** 章

中世末期ハンザ都市の政治経済環境と
都市財政について

問題の所在

　本章においては，まず，14 世紀末から 15 世紀初頭におけるハンザ都市のおかれた環境について概略を明らかにし，中世末期のハンザ都市の財政構造について明らかにする。財政は都市のおかれた状況と密接な関係があると考えられるからである。しかし，ハンザ都市はどの都市も個性的であり，その特徴を総合して語ることは難しい。それは財政構造についても同様である。特に中世末期の財政は多くの都市において歳入，歳出全体が明らかなわけではなく，その特徴を明らかにすることは容易ではない。しかし，断片的であっても，複数都市の税収等の歳入と歳出を比較してみると，特徴の如きものは見えてくるのではなかろうか。特に，繁栄期あるいは転換期と捉えられてきた 14 世紀後半から 15 世紀前半のハンザ都市の経済動向を財政面から明らかにすることは，この時期のハンザを評価する上でも重要な意味をもつであろう。そこで本章では，まず，ハンザ圏の政治経済動向を概観した上で，ハンザの領袖でバルト海側に位置する当時の大都市リューベック Lübeck，それよりも少し人口の少ない北海側のハンブルク Hamburg，内陸都市ブラウンシュヴァイク Braunschweig，小規模な都市グライフスヴァルト Greifswald の税収を中心とした歳入動向の特徴について，歳出を考慮しつつ比較検討し，ハンザ都市の税収，歳入と歳出の特徴の一端を明らかにし，必要に応じて支出された歳出から各都市のおかれた

状況やそれに対応した市政の動向について明らかにしてみたい（各都市の位置については序・地図1参照）。

1. 14世紀後半〜15世紀前半のハンザ都市の政治経済環境

本格的なハンザ史研究が開始された19世紀末から20世紀初頭において、14世紀前半の都市ハンザの形成期までの商人ハンザの期間は都市ハンザの前史と位置づけられ、14世紀後半から15世紀末にかけての時期に「栄光の都市同盟」としてハンザは最盛期を迎えたと捉えられた。デーネルの著書の表題がそうした考え方を示している[1]。しかし、レーリヒは、都市の経済活動において、次第に大規模で自由な冒険的商業が商人組合を中心とした組織的、統制的な商業へと転換していく時期とも捉えた[2]。ドランジェも14世紀末からの時期を、ハンザが獲得した最大の対外特権を保守する時期への転換期と捉え、15世紀にはハンザに危機が迫りつつあったことを指摘している[3]。これに対し東欧、特に旧東ドイツの研究者達は、ハンザが支配商人層の「商業資本」や不等価交換貿易を基礎とし、かかる商業上の特権の享受、維持を共同目的とした集団であると考えるならば、15世紀における「商業資本」や不等価交換貿易の根底を危うくする市場制度の整備や、特に中央集権国家を背後に有する対外勢力の伸張はハンザの基盤を揺るがすものであったことを強調した。彼らは、同時に、遠隔地商業の停滞傾向に対応した都市経済の発展の鈍化の過程において、次第に市民間の経済的格差は増大し、同族的な寡頭支配体制が生じていたことを指摘し[4]、ハンザ都市においてそうした諸矛盾が都市内抗争すなわち「市民闘争」Bürgerkampfという形で顕在化した15世紀初頭を、ハンザならびにそれを構成するハンザ都市の転換期として位置づけ[5]、以後を停滞期と捉え、15世紀をハンザの後期受動体制の開始期と捉えたのである[6]。そうした時期の政治事情をまず概観しておきたい。

ここで取り上げる各都市は、12〜13世紀に建設され、帝国都市リューベックを除き、他の3都市は領邦都市として都市君主との確執の中で、自立の権

利を部分的に徐々に買収，獲得し，概ね自立した状態で 14 世紀中葉をむかえたのであった。1360 年にはハンザ各都市はデンマークと同盟して，スウェーデンよりスコーネン Schonen を奪還し[7]，ホルシュタイン Holstein 伯によって侵害されていたハンザ特権もデンマークへの 4,000 リューベックマルク Lübeck Mark（以下マルク）の支払いによって手中におさめたのであった[8]。ところが，1361 年にハンザの東西交易路の要所ゴートラント Gotland 島のヴィスビー Wisby がデンマークによる急襲を受けた[9]。ハンザ側は，即座に対デンマーク商業封鎖を行なうとともに，翌年デンマークに宣戦布告をしたが[10]，1365 年に惨敗し，屈辱的な条約を締結せざるをえなかった[11]。その後も続いたデンマークの強圧的な勢力拡張政策によって，ハンザ諸都市やスウェーデン王，近隣諸侯等の連帯は強まり[12]，1367 年の再度の戦争でハンザはデンマークに勝利をおさめ，第一次デンマーク戦争は終結した[13]。その結果，1370 年にシュトラールズント Stralsund 条約が締結され，ハンザはスコーネンの特権，ズント Sund 海峡の自由通行権や商業拠点等の奪還に成功し，最大の商業特権を掌握したのであった[14]。

　以後も，北欧の混乱が続いただけでなく，イギリスではリチャード Richard 2 世が自国商人の保護と海外進出を支援してハンザと敵対し，フランドル Flandern でも，1378 年には，フランドル伯とハンザは敵対したのである。伯の死後フランドルを併合したブルグント Burgund 公もハンザ敵視政策をとった。そのため，ハンザは重要な市場であり，布地の供給地でもあるフランドルに対し商業封鎖をしなければならなかった[15]。1392 年にブリュージュ Brügge の商館は復活したが，1396 年にはオランダ伯が西フリースラント Friesland 併合を企てて，1403 年の和解までその地における商取引を禁ずるなど，低地地方の混乱は続いた[16]。

　他方，海上交易路においては，当初ハンザと対立するデンマークを苦しめることを名目に略奪を行なってきた海賊 Vitalienbrüder が，次第に敵味方の区別なく劫掠を繰り返すようになり，ついには，ボルンホルム Bornholm 島やゴートラント島のヴィスビーを占領して，ハンザ商業に深刻な影響を与えたので

あった[17]。このようなハンザ特権の侵害が 14 世紀末から 15 世紀初頭にかけての時期に生じていたのである。事実，リューベックの貿易は総体的に低調であったし[18]，ハンブルクでも，出入船舶総数は減少している[19]。また，ノヴゴロド Nowgorod でも，ロシア人による劫掠，商業妨害が続発し，1388 年にハンザは商業封鎖を行なうが，効を奏さず，結局，1407 年には逆に，ノヴゴロドがハンザ商人を締め出したのであった[20]。プロイセン Preußen 以東の地域において，ハンザからの離反や反抗が顕著になったのは，イギリスやオランダ（ネーデルラント Nederland）の商人が，国家の力の増強を背景として，北海沿岸地域だけでなくバルト海にも進出したため，必要物資をハンザだけに依存する必要がなくなったからである。こうしてハンザは，大規模商業の拠点である各商館やバルト海地域において行なってきた旧来の自由で独占的な商業を外国商人によって次第に阻まれていったのである。このように最大限の対外商業特権を掌握したとはいえ，ハンザを取り巻く環境は厳しいものであり，14 世紀末から 15 世紀初頭にかけてそれを背景に各都市では市民抗争 Bürgeraufstand も勃発したのであった[21]。

　北欧においては，デンマークが再び台頭し，イギリス，オランダを優遇するなど反ハンザ政策をとってきたが，1426 年にはエリク Erich 7 世とハンザ間はシュレスヴィヒ Schleswig をめぐり戦闘に発展した（第二次デンマーク戦争）。さらにノルウェー，スウェーデンの国王を兼ねた後継クリストフ Christoph 3 世はズント海峡の通行税を徴収しはじめた。その死後，北欧三国は後継者が定まらず，北欧三国は対立し，王権と貴族が対立するなど混乱状態が続いた。バルト海東部についていえばプロイセンの紛争により混沌としていたし，デンマーク，スウェーデン戦争ではリフラント Livland 都市とダンツィヒ Danzig がそれぞれの側にたって対抗するなどハンザもその混乱に巻き込まれていったのである[22]。そうした社会的混乱は，本稿で取り上げる都市の中では，バルト海商業が重要であったと思われるポメルン Pommern の領邦都市グライフスヴァルトで特に深刻であったと推察される。さらに，イギリスのハンザ圏進出もハンザにとっては深刻な問題となっていくのである[23]。

　15 世紀には，ブルグント領となっていたフランドルでは，アントワープ Antwerpen の台頭とともにブリュージュの地位が低下し，しかもその地においてハンザ特権の侵害問題から商館の移転問題に発展したが，ケルン Köln やドイツ騎士団 Deutscher Orden はリューベックが主導する移転という強硬策に反対するなどハンザ内部の不統一を露呈する結果となった。さらに 1430 年にもハンブルクは諸都市とともにデンマークと戦わざるをえず，その戦費は 18,000 ポンド Pfund にも達したのである[24]。

　こうしたハンザ圏の動向とは別に，各都市にはそれぞれの地域事情や都市内事情があった。リューベックは自立した帝国都市であったが，14 世紀後半以降，ザクセン・ラウエンブルク Sachsen・Lauenburg 領を通過する主要交易路，特にシュテクニッツ Stecknitz 運河の建設，安全維持のため，同地域で莫大な土地不動産を市民とともに購入している（地図 2 参照）。それらとも関連した増税

地図 2　リューベック周辺の主要商業路

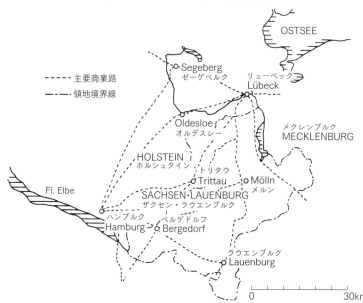

（出典）　E. Schulze, Das Herzogtum Sachsen-Lauenburg und die lübische Territorialpolitik. Quellen und Forschungen zur Geschichte Schleswig-Holsteins. Bd. 33. Neumünster 1957. 等より作成。

に対し，1380 年，1408 年に市民抗争が勃発した。ブラウンシュヴァイクでは，都市君主であるヴェルフェン Welfen 家の家系間紛争に対応して，その戦費貸与を求められた市は彼らの所有地を担保として貸し付けたり，購入することにより経済的に支援した。その多大な支出に対し市政を担う市参事会 Rat は，市民への増税によって財政収支を改善しようとしたが，1374 年には市民抗争が生じて旧来の参事会は打倒され，新参事会が結成されることとなった。ハンブルクでも，都市君主ホルシュタイン伯のハンザ敵視政策に苦しみ，都市内でも流血の惨事には至らなかったものの，1376 年，1410 年に市民による反市政運動を経験したのである[25]。

2. 中世都市ハンブルクの財政

14 世紀後半からのハンザ商業圏では，地域内の政治環境が安定しない中，バルト海商業圏へのオランダ，イギリス商人の進出が始まる。しかし，それにもかかわらずハンザ商人が取り扱ったイギリス産布地輸出の 5 年毎の平均値の推移から見る限りでは，15 世紀後半の対イギリス戦争期に当然のことながら極度に落ち込んでいる以外は，16 世紀中葉までほぼ上昇傾向にあるように見える[26]。ハンザ都市は広範な地域にわたって点在し，地域事情，特に都市君主との関係によって都市は極めて多様な状況にある。帝国都市リューベックといえども周辺都市の封建権力者への対応は重要な問題であった。個別都市間の貿易は，交易がもともと不定期の上，戦争をはじめとする固有の事情によって毎年変動するし，出入り商品も各都市により異なるであろう[27]。関税 Zoll 率の上昇につれて船主が積荷の価値を低く申請したことも考慮に入れる必要はあろうが[28]，ハンザ商業は個々に相違はあるものの，全般的に見て 16 世紀前半までは極度の衰退傾向を示していないように思われる[29]。

このような経済環境の中で，特にオランダ，イギリス商人による交易がリューベック，ハンブルク経由からズント海峡経由で行なわれるようになる中で，ハンブルク市の財政規模は，14 世紀後半から 15 世紀の後半にかけて約 4

倍に成長した。以後 16 世紀初頭までは借入金を差し引くと年平均歳入額は減少しており拡大は見られなかったが，16 世紀中葉にかけて再び約 2.5 倍に拡大した。特に 16 世紀を前半の 1526 年から 38 年と中葉の 1539 年から 60 年の二期に分けて比較すると，前者の年平均が 36,611 マルクであったのに対し，後者は 103,363 マルクにも達し，16 世紀中葉に歳入が大幅に増大していたことがわかる[30]。歳入の内訳を見ると，財産税 Schoß 等の直接税収入は，14世紀以降増加を続けている。財産税の課税者数は，15 世紀後半の時期には減少したとの指摘もあるが[31]，市の人口増加とも相まって[32]，1376 年の 1,350人から 1499 年の約 2,000 人に増加した。14 世紀後半から 16 世紀にかけて，ハンブルクでは納税者中の中位の納税者が減少し，少額納税者が増大する傾向にあったともいわれるが，市政の中心となる多額納税者の上層市民はかなり増加したのも事実である[33]。1499 年に財産税は値上げされているが，グラフ1-1 のようにその税収は 16 世紀前半に上昇したのである。しかし，直接税が市の歳入全体に占める割合は 16 世紀中葉まで一貫して低下し，16 世紀以降おおむね 20 パーセント以下で推移している。逆に間接税（消費税 Akzise）の額は増加し，16 世紀中葉には財産税等直接税の総額に近づいた（表 1-1，1-2 参照）[34]。

　ハンブルクでは 1480 年代の初頭の気候不順による不作とそれに伴う穀物価格の大幅な上昇後[35]，16 世紀の 30 年代まではドイツ 9 都市の平均穀物価格を上回るようになった[36]。そうしたこともあってハンブルク市民の生活状況は全般的に良好であったとは必ずしもいえないと思われるが，消費税等の間接税は，ビール消費税 Bierakzise から 1444 年に居酒屋税 Krügerakzise に，1553 年には市民消費税 Bürgerakzise へと変更されるなどの変化があったにせよ，表 1-3のように 16 世紀初頭から中葉にかけて急増し，間接税による歳入は約 6 倍に増加している[37]。ビール関連の消費税も，人口増加とも関連して，14 世紀後半以後順調に増加したと思われ，16 世紀後半から 17 世紀初頭に約 3 倍に，17 世紀中頃にはそれから約 5 倍にと急激に増加した。すなわち，オランダのビール生産によって一時停滞したハンブルクのビール醸造業も，15 世紀初め

グラフ1-1　ハンブルクの財産税収入

（単位：m. ＝リューベックマルク）

（出典）　K.-J. Lorenzen-Schmidt, Umfang und Dynamik des Hamburger Rentenmarktes zwischen 1471 und 1570. Zeitschrift des Vereins für hamburgische Geschichte. Bd. 65. 1979. S. 47.

以降の生産調整，品質管理の強化の結果，15世紀末にはハンブルクビールの輸出量は100,000ヘクトリットルにもおよび，しかも50,000ヘクトリットルはオランダに輸出されるなど[38]，良質かつ安定した量のビール供給によって順調な発展を遂げ，最終的には市内におけるハンブルク産のビール消費の増大をもたらしたと考えられるのである[39]。16世紀後半以降の課税強化ともあいまって1564年に復活したビール消費税は間接税の半分[40]，直接税間接税合計額の21パーセント以上を占めた（表1-3参照）。

　関税収入は15世紀中頃から16世紀初頭に多少減少しているものの，総額では16世紀初頭から中葉にかけて2.5倍にも増加している。それは新たな関税徴収の結果ともいえるが，水門や灯台の維持管理のために早くから設けられていた船舶を対象としたヴェルクWerk関税は14世紀後半から15世紀後半に

表 1 - 1　14 世紀後半から 16 世紀中葉のハンブルクの歳入

（金額は年平均，単位：m.＝リューベックマルク）

費目＼年	1350-1400		1461-1496		1497-1521		1522-1562	
直接税	2,713m.	59%	6,074m.	26%	6,789m.	26%	12,449m.	19%
間接税（消費税）	119	3%	2,130	9%	1,938	7%	11,640	18%
関税①	288	6%	2,732	12%	2,644	10%	6,818	10%
レンテ関係収入	199	4%	2,068②	9%	3,531③	13%	3,520	5%
借入金	180	4%	3,428②	15%	5,453③	21%	13,119	20%
その他	1,089	24%	6,815②	29%	6,017③	23%	17,397	27%
合　　計	4,588m.		23,247m.		26,372m.		64,943m.	

（注）　① 1491-96 年に Tonnengeld, Grafenzoll, Esslinger Zoll が新設，1522-62 年 Roterzoll, Schleusengeld が新設された。② 1461-1500 年　③ 1501-21 年

（出典）　P. C. Plett, Die Finanzen der Stadt Hamburg im Mittelater（1350-1562）. Phill. Diss. Hamburg Univ. 1960. S. 79, 158, 180, 227, 246f. より作成. Vgl. W. Stieda, Städtische Finanzen im Mittelalter. Jahresbücher Nationalökonomie und Statistik. Folge 3. Bd. 17. 1899. S. 1-54.

表 1 - 2　16 世紀中葉から 17 世紀前半のハンブルクの歳入

（金額は年平均，単位：m.＝リューベックマルク）

費目＼年	1563		1563-1578	1579-1602	1603-1619
直接税	54,246m.	35%	12%	15%	16%
間接税	29,997	20%	17%	14.5%	17.5%
関税	15,809	10%	17%	22%	23%
レンテ関係収入	2,840	2%	4%	6.5%	7%
借入金，貸付返済金	20,887	14%	32%	21.5%	18%
その他	29,951	19%	18%	21%	19%
合　　計	153,730m.①				

1620-1630	1630		1631-1650
19%	334,153m.	20%	19%
23%	450,072	27%	28%
20%	200,091	12%	14%
3%	22,353	1%	6.5%
22.5%	460,918	27%	24.5%
13%	227,164	13%	8%
	1,694,751m.②		

（注）　① Zeiger は 153,770m. と計算　② Zeiger は 1,694,067m. と計算

（出典）　K. Zeiger, Hamburgs Finanzen von 1563-1650. Hamburger wirtschafts- und sozialwissenshaftliche Schriften. Helf 34. Rostock 1936. S. 51-134. Vgl. F. Voigt, Der Haushalt der Stadt Hamburg 1601 bis 1650. Hamburg 1916.

表1-3　14世紀中葉から17世紀前半のハンブルクの税収

(単位：m. ＝リューベックマルク)

費目　　　　　年	1350-1400	1461-1496	1497-1521	1522-1562	1564-1578
直接税	2,713m.	6,074m.	6,789m.	12,449m.	29,049m.
間接税	119	2,130	1,938	11,640	24,893
合　計	2,832	8,204	8,726	24,089	53,942
ビール消費税	119	171(1,958)[1]	(1,938)	(4,606)〔7,034〕	11,197
ビール消費税が直接・間接税に占める割合	4%	2%(24%)	(22%)	(19%)〔29%〕	21%
ヴェルク関税	288	1,781	1,584	4,896	13,722[2]
関税総数	288	2,732	2,644	6,818	19,161

1579-1602	1603-1619	1620-1630	1631-1650
34,248m.[3]	78,380m.[4]	209,929m.	249,933m.
32,520	67,405	230,040	354,727
66,768	145,785	439,969	604,660
14,658	37,900	148,566	196,659
22%	26%	34%	32%
28,201[2]	49,304	93,193	104,244
46,034	79,705	163,876	169,246

（注）　（　）は居酒屋税。〔　〕は市民消費税。

①1464-96年では2,119m.　②1563-78年　③他に1582-1602年に外国人への課税により1,345m.の歳入　④他に1607-19年に外国人への課税により7,627m.の歳入

（出典）　P. C. Plett, Die Finanzen der Stadt Hamburg im Mittelalter（1350-1562）. Phil. Diss. Hamburg Univ. 1960. S. 79. K. Zeiger, Hamburgs Finanzen von 1563-1650. Hamburger wirtschafchafts- und sozialwissenschaftliche Schriften Heft 34. Rostock 1936. S. 135-170. より作成。

約6倍に，また16世紀初頭から中葉にかけて約3倍に増加している（表1-3参照）――早い時期からヴェルク関税は目的税として徴収され，それ故に容易に受け入れられたであろう点にも注目すべきである――。商業活動は16世紀初頭の停滞期があったとはいえ，表1-2のように15世紀中頃以降関税収入の割合は全歳入における約10パーセントを維持しており，市経済もまた紆余曲折を経つつもおおよそ順調に成長していったことが推測できるのである[41]。

グラフ 1 - 2　ハンブルクのレンテ売買総額

（単位：m. ＝リューベックマルク）

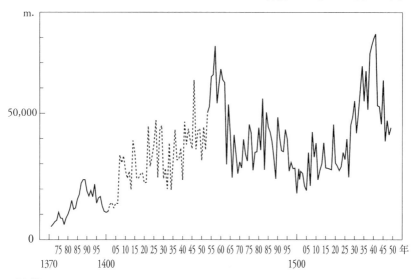

（出典）　H. P. Baum / R. Sprandel, Zur Wirtschaftsentwicklung im spätmittelalterlichen Hamburg. Vier-
teljahrschrift für Sozial- und Wirtschftsgeschichte. Bd. 59. 1972. S. 481-485. K.-J. Lorenzen-
Schmidt, Umfang und Dynamik des Hamburger Rentenmarktes zwischen 1471 und 1570.
Zeitschrift des Vereins für hamburgische Geschichte. Bd. 65. 1979. S. 47. より作成。

　レンテ Rente 売買総額はグラフ 1-2 のように 1470 年代など戦時や 16 世紀
の初頭には低下するものの，そしてレンテ所有者によるその権利の第三者への
売却である古レンテは低落傾向にあるものの，それを越えた新レンテが設定さ
れ，レンテの売買総額はこの時にも同世紀末にむけて再度回復の動向を示し，
以後増減を繰り返しつつ 1540 年代まで上昇を続ける[42]。そのレンテの一種で
あり，事実上の市の借入金である市債 Stadtrente の発行残高はグラフ 1-3 のよ
うに 1470 年代の対イギリス戦争時に一時頂点に達し，市の資金不足から市有
地を市参事会員に売却し，参事会員が分担所有するなどの状況にまでなったと
いう。市債発行残高は，以後 80 年代末まで減少傾向にあったが，15 世紀末に
は再び上昇に転じ，そのかなりの部分が封建権力者の土地やそれに付随する諸
権利を担保とした財政援助要請に応じた結果であったと思われる[43]。すなわ

グラフ 1-3　ハンブルクの市債発行残高

（単位：m.＝リューベックマルク）

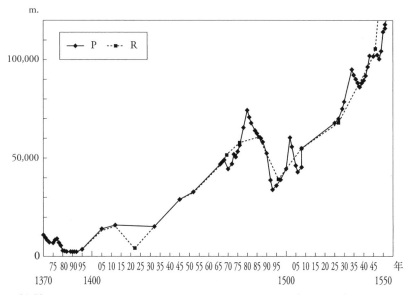

（出典）　P: P. C. Plett, Die Finanzen der Stadt Hamburg im Mittelalter（1350-1562）. Phil. Diss.
　　　Hamburg Univ. 1960. S. 254-256. R: H. Reincke, Die alte Hamburger Stadtschuld der
　　　Hansezeit（1300-1563）. Städtewesen und Bürgertum als geschichtliche Kräfte. Gedächtnis-
　　　schrift für F. Rörig. Hrsg. v. A. v. Brandt / W. Koppe. Lübeck 1953. S. 500. より作成。Das
　　　Handlungsbuch Vickos von Geldersen. Beard. v. H. Nirrnheim. Hamburg 1895. S. LXXI. 参照。

ち，15 世紀末から 16 世紀初頭にかけての時期に比べ，16 世紀中頃には土地
や施設の維持経費支出が倍額以上になっているのである[44]。エルベ Elbe 河流
域の一地域では裁判権等土地に付随した権利すべてを取得し，都市が小領主の
ようであったともいう[45]。15 世紀末頃からは年間 15,000 マルクを超える借入
が散見し，特に 1554 年以降には毎年おおよそ 20,000 マルクから 75,000 マル
クの借入金が恒常化した。その結果，1560 年には市債発行残高は 625,000 マ
ルクにも達したのである[46]。

　歳出について見ると，借入金の増大に対応して，レンテ等借入金「利息」関
連の支出が 16 世紀を通じて 20 パーセント以上の高支出となり，また，16 世

表 1-4　14 世紀後半から 16 世紀中葉のハンブルクの歳出

（金額は年平均，単位：m.＝リューベックマルク）

費目　　　　　　　年	1350–1400		1461–1481		1482–1500		1522–1562	
事務管理費	710m.	17%	1,581m.	7%	1,999m.	9%	3,800m.	6%
軍事費	331	8%	3,755	17%	3,688	16%	27,246	45%
公共事業費	1,625	39%	5,754	26%	5,749	25%	13,654	22%
レンテ，借入金「利息」等	306	7%	6,950	32%	6,414	28%	9,831	16%
封建権力者貸付金	191	5%	588	3%	1,590	7%	508	1%
その他	993	24%	3,198	15%	3,233	14%	5,713	9%
合　　計	4,156m.		21,826m.		22,673m.		60,752m.	

（注）　表 1-1，1-3，1-4 の金額をブレットはポンド Pfund で示している。20 リューベックマルク Lübeck Mark＝16 ポンドで計算。金額は 8 シリング Schilling 以上は切り上げ，7 シリング以下は切り捨てた概数。なお，ブレットによる合計額と表の合計額は換算の関係からか若干の相違がある。

（出典）　表 1-1 と同じ。

表 1-5　16 世紀中葉から 17 世紀前半のハンブルクの歳出

（金額は年平均，単位：m.＝リューベックマルク）

費目　　　　　　　年	1563		1563–1578	1579–1602	1603–1619
事務管理費	6,492m.	4%	9%	8.5%	8%
軍事費	31,677	21%	6%	5%	21.5%
公共事業費	30,302	20%	23%	28.5%	22.5%
レンテ，借入金「利息」	32,962[①]	22%	26%	26%	12.5%
封建権力者貸付金	37,000	24%	23.5%	16.5%	21%
その他	8,175	4%	13%	15.5%	14.5%
合　　計	146,608m.				

1620–1630	1630		1631–1650
4.5%	59,559m.	3.5%	7%
50%	1,008,630	60%	23%
10.5%	272,661	16%	13%
11%	127,964[②]	7.5%	13%
12.5%	106,019	6.5%	24%
11.5%	103,688	6.5%	20%
	1,678,521m.[③]		

（注）　①うちレンテの償還分 29,865m.15s.　②うちレンテの償還分 74,019m.　③ Zeger は 1,679,120m. と計算。

（出典）　表 1-2 と同じ。

紀初頭まで低かった封建権力者への貸付金が額においても歳出の割合において
も急増している。15世紀後半の市周辺の政治的混乱の中で急増した軍事費は，
額では14世紀後半の10倍以上，支出に占める割合も10パーセント台後半と
なり，さらに宗教改革期以後のシュマルカルデン Schmalkalden 同盟と関連した
1522年から62年の支出が年平均約18,000マルク余にものぼった。15世紀中
頃には軍事費支出は歳出の45パーセントに達した[47]。他方で，事務管理費な
どの支出割合がほぼ一定である点や，公共施設の建設や河川等の維持管理費な
どが15世紀以降16世紀後半まで25パーセント前後の高い割合を維持してい
たことからは市の健全な運営が感じられる。（表1-4, 1-5参照）。

　課税強化を上回る税収の伸びを示しているが，穀物価格をはじめ物価が上昇
する中で，間接税課税強化による税負担がより一層中層以下の市民に重くのし
かかり，その経済力を低下させ，市民間の経済格差は増大したとも思われる。
このように市の経済発展と並行して，都市ハンブルクでは市民間の経済的格差
の増大，特に下層市民の増加といった深刻な社会問題もまた進行していたと考
えられるのである。

　近代における市の拡大発展への大きな飛躍の直接的原因が17世紀以降の諸
要因に由来するとしても，14世紀から16世紀に至るこうした社会環境の中で
のハンブルクの財政動向から見る限り，特に15世紀以降のビール醸造業の諸
改革とそれによる税収の増大が，近代ハンブルク市発展の一要因になったと考
えられるのである[48]。

3. 中世都市ブラウンシュヴァイクの財政

　ブラウンシュヴァイクは北部の魚類，西方の毛織物，南部，特にゴスラール
Goslar の銅やニュールンベルク Nürnberg の金属製品等の仲介貿易都市である
だけでなく，都市周辺地域，さらには北部ドイツの内陸地域への生活必需品供
給地，穀物集散地でもあり，布地生産や金属加工業も盛んな商工業同時発達の
都市であった[49]。市は1269年頃から共同で市政を運営してきたアルトシュ

タット Altstadt, ハーゲン Hagen, ノイシュタット Neustadt に[50]，後年加わったザック Sack, アルテヴィク Altewik の計 5「市区」Weichbild より成る複合都市 Doppelstadt で[51]，15 世紀初めの人口は 16,000 〜 18,000 人程度と推測されている[52]。市政は，任期 3 年の「市区」参事会員の半数によって毎年構成される総参事会 Gemein Rat が運営にあたった[53]。総参事会は財政難に苦しみつつも，抗争を繰り返すヴェルフェン家の 3 家系の都市君主から市の自立に必要な権利を買い取り[54]，彼らに対し，城，土地等を担保として資金援助を行ない，紛争における軍事援助をして[55]，その保護を得るとともに，「市民軍」の創設によって，市周辺部の治安を維持し，市の経済圏を拡大して，領邦都市ブラウンシュヴァイクの自立を確保しようとした。しかし，以上のような莫大な支出を一因として，市財政は悪化した。この結果，1373 年には総参事会によってそれまででは最も重い税が市民に課された[56]。さらに，74 年に穀物消費税の導入が提案されると[57]，市民による「シヒト」Schicht と呼ばれる蜂起が勃発した[58]。

蜂起後，その主導者を中心に，商人，手工業者による 20 名の新総参事会が結成された。彼らの少なくとも一部は地代収入や市債をもつ比較的富裕な者達であった[59]。新総参事会は，市財政の健全化につとめたが[60]，マクデブルク Magdeburg 大司教との紛争による賠償金支払いを含め旧総参事会の負債の返済[61]，市周辺部，商業路の治安の悪化による商業の停滞や税収の減少，治安回復のための傭兵等への支出の増大等市の借入金は増大するばかりであった[62]。新総参事会は，各諸侯，マグヌス Magnus 2 世の弟エルンスト Ernst やゲッチンゲン公オットー Otto v. Göttingen，マグヌス 2 世の後継者ブラウンシュヴァイク公フリードリヒ Friedrich 等に様々な経済的，軍事的支援を通じて市域の治安回復を支援するよう求めたが[63]，近隣の貴族，騎士等も加わって，市壁外で商人達を脅かし続けた。さらに，市はハンザから除名を受け，封建権力者達の商業妨害も一層激しくなった[64]。

1375 年末以降過半数の新総参事会員が参事会を去った。彼らの多くは，地代収入等の不労所得の少ない中層以下の市民で，長期間自らの仕事を犠牲にし

て参事会の政務を勤めることが不可能であったと考えられるのである。参事会の空席には旧総参事会員と，経済力がある参事会員家系ではない新興の家系の市民等が補充された[65]。以後も参事会員家系にない新人は相当数加わっている[66]。1375 年には皇帝カール Karl 4 世が，市とハンザ間の調停にのりだし，翌年には，市の総参事会とハンザとの交渉も開始された。同年，手工業ギルド親方の市政参加が正式に認められ，市財政に彼らの同意を求める制度も実施されて市民の団結強化がはかられた[67]。課税をめぐる市と教会・聖職者との対立も和解が成立し[68]，1377 年には再び皇帝の対ハンザ調停も行なわれ，1377，78 年には周辺貴族達との和解交渉も行なわれた[69]。1378 年から総参事会は貸借金台帳 Zinsbuch を作成して，市財政の状況把握にもつとめた[70]。だが，市周辺の治安は回復せず，78 年にはハルバーシュタット Halberstadt の司教との抗争により市は計 800 ブラウンシュヴァイクマルク Braunschweig Mark＝Br.m.（以下 B マルクと略す）の支出を余儀なくされ[71]，1380 年にはリューネブルク Lüneburg 騎士等との抗争が勃発した。そうした混乱の結果，同年には財産税と特別財産税 Vorschoß は市史上かつてない高率・高額となった[72]。前述の改革を除けば，総参事会は永代レンテ Weddeschatzrente や年金 Leibrente などの市債の発行により財源の不足を補い，負債を長期返済に改める等の改善しかできなかった[73]。市のかかる状況は，市の信用を低下させ，借入金「利率」の上昇を引き起こした[74]。すなわち，1377 から 96 年には一代限りの，譲渡のできない年金の「利息」は年 10 パーセント，譲渡可能な永代レンテと定期レンテ Ewigrente は 8 パーセント程度にまで上昇したのであった[75]。1379 年以降，市は封建権力者の求めに応じて城，土地を購入はしたが，厳しい財政事情から地域の安全維持等のために重要な城，地域を選別して維持し，他方で重要度の低い城，土地は売却していったと考えられるのである[76]。

　ブラウンシュヴァイク公フリードリヒの調停により，1380 年 8 月 12 日に市は正式にハンザ復帰を許され[77]，「シヒト」も一応の終結を見たのであった。以後も周辺貴族，騎士等との争いは1384 年の停戦協定まで続いたものの，市と対立を繰り返してきたゲッチンゲン公オットーが翌年には市への干渉

を断念するなど，市の周辺部の混乱は次第に鎮静化していったのである[78]。

1382 年に選出された有為な新興市民が多数参加した総参事会は 84 年から本格的な市政改革に着手した。財政健全化のため，一部の城，土地を譲渡して借財の一部返済を行ない[79]，輸入ビールへの関税の他に穀物製粉税 Mühlenzoll，通行料 Wegepfennig，穀物税および樽単位で課税されたワイン税，品質等に応じて課税された各種ビール関連税等の間接税を導入して歳入の増大をはかった[80]。アルトシュタット，アルテヴィクから各 2 名，他「市区」から各 1 名の「市区」財政の最高責任者ケメラー Kämmerer が選出され，「市区」財政の安定と支出抑制によって生ずる剰余金の中央財政への納入や徴税の徹底がはかられた[81]。また，同年には「市民軍」を強化拡充した騎兵団が創設され，市の防備，商業および市民財産の保護がはかられ，併せて傭兵への支出の削減も試みられた[82]。市は，かかる騎兵団の創設とともに皇帝カール Karl 4 世が各地に発した和平令を受け入れ，他方，都市の地位の独立を諸侯らに認めさせ，諸都市が連帯してそれらの約束を遵守させるべくザクセン Sachsen 都市同盟を結んだ。その結果，次第に市周辺部，商業路の治安も回復し，商業事情も好転する兆しを示し，貴族との争いによる支出も減少した[83]。

執務期間を軽減し，防衛実務を騎士団に委ねた結果，わずかながら個々の参事会員の職務は軽減された。参事会内の職務の分散も行なわれ，アルトシュタットでは 2 名の市長の他 8 の役職に少なくとも 24 名の参事会成員が配され，他「市区」でもその規模に応じて各参事会員に専門役職が配分され，さらに市の役人も 20 以上の部署に配されるなど「市区」の行政組織が整備された[84]。各「市区」の代表者として，アルトシュタット，ハーゲンから各 2 名，他の「市区」から各 1 名の計 7 名の市長が選出され，1387 年には，彼らに会計長 Münzschmiede=Hauptkasse を加えた長老会 Küchenrat=Aelteste が緊急の外交問題への対応や財政運営，都市運営の最高機関として，参事会内の不調和の調整機関として創設され[85]，各「市区」の一応独立が維持されながら，外交，行財政等の中央集権化がはかられた。

こうした市の組織改革と，不要建造物の建設抑制等「市区」財政の厳しい引

17

き締めや[86]，市債の追加発行によって市の経済は次第に安定し[87]，1388 年以降 15 世紀初頭まで，市民の直接税負担（財産税と特別財産税）は軽減され続けた（表 1-6 参照）。市民から不評の穀物税，穀物製粉税も 14 世紀末までには廃止された[88]。しかし，市の市債発行残高は，1387 年には 22,087.5 B マルク，1389 年には 29,513 B マルクへと増大するなど（グラフ 1-4 参照），約 20 年間事実上の高額の借入金が残存したのであった。

　15 世紀に入ると，周辺封建権力者の抗争も減少し，市は落ち着きを取り戻した。財政収入は 10 年代半ばまでは現状維持で，順調には伸びていないように見えるし，歳出が歳入を上回る年も少なくないが，市財政の安定と「繁栄」は，市民の直接税負担の軽減にもかかわらず，1401 年の市総収入が 1388 年のそれよりも 100 B マルク多く[89]，1389 年には 29,513 B マルクであった市債発行残高が，1406 年には 8,100 B マルク余にまで減少していることからも推察できるのである[90]。それに併せて，市の信用も回復し，永代レンテの年「利率」は 1397 年には 7 パーセント，1399 年には 6 パーセント，さらに後には 4 パーセントへと低下した[91]。

　しかし，1415，16 年には近隣に居住する貴族マーレンホルツ Mahrenholz 家との紛争，1422 年にはブラウンシュヴァイク公ベルンハルト Bernhard，その息子オットー，従兄弟のリューネブルク公ヴィルヘルム Wilhelm とヒルデスハイム Hildesheim 司教ヨハネス Johannes 3 世との戦争が勃発するなど，市周辺はなお平和を維持することはできなかった[92]。それは，1414，15 年には軍備のために大きな支出が，そして 1415，16 年には多額の戦費支出が記録され，1422 年にもそれを上回る高額な戦費が支出されていることからもわかる（表 1-7 参照）。その際注目すべきは，その時期の 1415 年には 5 人の市民が 2,000 B マルク，1416 年には 1,000 B マルクと戦費，軍備費を超える金額を市に寄付していることである。市や地域の自立，治安維持を目的とした支出の結果生じた経済的窮状に対応した市民の行為であるとすれば，まさに市民自治の原点の一つともいえよう[93]。市の運営するレンガ工場と採石場からの収入とその運営費の収支も，わずかな余剰，不足を繰り返しながら推移している。この施設は市

表 1 - 6　ブラウンシュヴァイクにおける財産税, 特別財産税

年	財産税	特別財産税
1380-87	14d.	14s.
1388	8	8
1389-91	7	7
1392-4	6	6
1395-7	5	5
1398-1400	4	4
1401-3	3	3
1404	2	2

（注）　財産税は財産 1 B マルク（Braunschweig Mark=Br.m.）あたりの金額。d. はデナリウ
ス denarius, s. はシリング schilling の略。
①金額の単位はブラウンシュヴァイクマルク（Braunschweig Mark）。なお，ブラウン
シュヴァイクの通貨は以下のように換算される。
1 Br.m. = 1.5 pfund（pfd.）= 4 ferding（f.）= 16 lot（l.）= 64 quentin（q.）
　　　　= 30 schilling（s.）= 360 pfennig（pf.）= denarius（d.）
　　　　= 3.45 Lübeck Mark
（出典）　O. Fahlbusch, Die Finanzverwaltung der Stadt Braunschweig 1374-1425. Untersuchungen
zur deutschen Staats- und Rechtsgeschichte. Bd.116. Breslau 1913（1970）. S. 103f.

グラフ 1 - 4　ブラウンシュヴァイクの市債発行残高

（単位：B マルク）

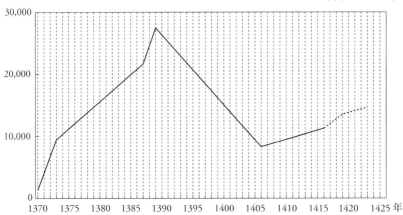

（出典）　Die Chroniken der deutschen Städte vom 14. bis ins 16. Jahrhundert. Hrsg. durch die historische
Kommission bei der Bayerischen Akademie der Wissenschaften. Bd. 6. Leipzig 1868. S. 178.
O. Fahlbusch, Die Finanzverwaltung der Stadt Braunschweig 1374-1425. Untersuchungen zur
deutschen Staats- und Rechtsgeschichte. Bd. 116. Breslau 1913（1970）. S. 20, 177. より作成。

表1−7 15世紀初頭のブラウンシュヴァイクの歳出

（単位＝Bマルク）

費目＼年	1400	1401	1403	1406	1411	1412	1413	1414	1415	1416	1417	1418	1419	1420	1422	1423
戦 費	4.5	106.5	171.5	140	49.5	105	258.5	14	640	568.5	44.5	65	78.5	61	1,056	278
軍 備 費					467.5			242.5	227.5	54	27	5.5	6	8		37.5
行政経費等	172	157.5	305	204.5	250	235.5	236	253	469.5	279	268	361.5	276.5	535.5	138.5	136
裁 判 費	21.5	26.5	28	26.5	22	20	33	256	339.5	267.5	432	528.5	325	206	79	47.5
事業運営費	41	15	178	181	192	161	121	104.5	237.5	180.5	145.5	163.5	116	114	118	111
永代レンテ［利息］	242.5	200	186.5	120	133.5	144.5	196	172	180	208	249			292		326
年金［利息］	462	480	482	567	666.5	637	654	696.5	686	742.5	772			854		900
［利息］総額	704.5	680	668.5	687	800	781.5	850	868.5	866	951	1,021	1,089.5	1,139.5	1,146	1,206.5	1,226
歳 出 総 額	3,005.5	2,689	2,891	2,686.5	2,881	2,836.5	3,196	3,350.5	5,139.5	4,085	4,037	3,767	3,531	3,602	4,179.5	3,968
寄 付 金	654.5	856	499.5	359	149.5	153	417.5	128	2,263	1,203	1,311		754.5	756	945	418
歳 入 総 額	3,029.5	2,745	2,835	2,561	2,196	2,300	2,633	2,491	4,521.5	3,487.5	3,635		3,089	3,114.5	3,519.5	3,011

（注） 歳出内訳は主要な費目のみ掲載。
（出典） Die Chroniken der deutschen Städte vom 14. bis ins 16. Jahrhundert. Hrsg. durch die historische Kommission bei der Bayerischen Akademie. der Wissenschaften Bd. 6. Leipzig 1868. S. 121-288. Urkundenbuch der Stadt Braunschweig. Hrsg. v. L. Hänselmann / H. Mack. Bd. 1. Braunschweig 1873. S. 79-214. O. Fahlbusch, Die Finanzverwaltung der Stadt Braunschweig 1374-1425. Untersuchungen zur deutschen Staats- und Rechtsgeschichte. Bd. 116. Breslau 1913 (1970). S. 166ff. H. Dürre, Geschichte der Stadt Braunschweig im Mittelalter. Braunschweig 1861 (1974). S. 314-347. より作成。

20

表 1 - 8　15 世紀初頭のブラウンシュヴァイクの歳入

（単位：B マルク）

	1400年	1401	1403	1406	1411	1412	1413	1414	1415	1416	1417
ビール関税		94	143	121.5	84	105.5	124	169.5	125.5	89.5	120
ビール消費税		192	182	282	298	287.5	267.5	276.5	337	315.5	343
ビール関連税合計		286	325	403.5	382	393	391.5	446	462.5	405	463
ワイン税		120.5	115	114.5	96.5	103	69.5	108.5	56.5	161.5	126
穀物製粉税			283	340.5	280.5	348	312.5	380	345.5	314	320.5
間接税合計	518.5	406.5	723	858.5	759	856	841.5	1,001.5	924.5	939	967
直接税合計	1,856.5	1,482.5	1,490	1,139	1,139.5	1,144	1,193	1,209.5	1,182	1,205	1,205
税収総額	**2,375**	**1,889**	**2,213**	**1,997.5**	**1,898.5**	**2,000**	**2,034.5**	**2,211**	**2,106.5**	**2,144**	**2,172**
事業収入①			122.5	204.5	148	147	181	152	152	141.5	151.5
寄付金	654.5	856	499.5	359	149.5	153	417.5	128	2,263	1,203	1,311
歳入総額	**3,029.5**	**2,745**	**2,835**	**2,561**	**2,196**	**2,300**	**2,633**	**2,491**	**4,521.5**	**3,487.5**	**3,635**
ビール消費税／間接税		47%	25%	33%	39%	34%	32%	28%	36%	33%	36%
ビール関連税／間接税		70%	45%	47%	50%	46%	47%	45%	50%	43%	48%
ビール消費税／歳入総額		7%	7%	11%	14%	13%	10%	11%	8%	9%	9%
ビール関連税／歳入総額		10%	11%	16%	17%	17%	15%	18%	10%	12%	13%

	1418	1419	1420	1421	1422	1423	1424	1425	1426
ビール関税	115	130.5	121.5	72.5	116.5	147.5	159.5	139	143
ビール消費税	328	285.5	328	380.5	403.5	351	391.5	391.5	438
ビール関連税合計	443	416	449.5	453	520	497.5	551	530.5	581
ワイン税	92	107	65.5	87	80	80	61.5	80.5	99
穀物製粉税	358	401	391.5	438	395.5	423	408	420	404
間接税合計	953	990.5	976.5	1,051.5	1,076.5	1,074.5	1,116	1,126	1,164
直接税合計	1,199	1,251.5	1,263.5		1,346	1,366			
税収総額	**2,152**	**2,242**	**2240**		**2,422.5**	**2,440.5**			
事業収入①	17	92.5	118.5		152.5	152.5			
寄付金		754.5	756		945	418			
歳入総額		**3,089**	**3,114.5**		**3,519.5**	**3,011**			
ビール消費税／間接税	34%	29%	33%	36%	37%	32%	35%	35%	38%
ビール関連税／間接税	46%	42%	46%	43%	48%	46%	49%	47%	50%
ビール消費税／歳入総額		9%	11%		11%	12%			
ビール関連税／歳入総額		13%	14%		15%	17%			

（注）　①レンガ工場と採石場からの収入。
　　　　表1-7と同じ。
（出典）表1-7と同じ。

の事業収入を得る目的もあったであろうが，それ以上に公共建造物等の建設の
ための資材を確保し，公共建造物等を維持するためのものであったと思われ，
市によって公共施設の建設，維持が着実に行われていたと推測される。

　表1-8のように，市では，1400年から1410年にかけて市民への直接税収
入額が次第に低下している。その原因の一つは直接税の課税額の引き下げで
あった。すなわち，1388年と1404年以降を比べると，直接税の財産税と，
特に住居外の不動産の所有者など富裕市民に多く課された特別財産税は1/4に
軽減されている。特別財産税は財産税の12倍の課税額であり，その低下は歳
入に大きな影響を与えたであろう。直接税総額は確かに1400年から負担が半
分になった1404年以降では減少しているのがわかる[94]。1400年とその翌年
には税収の70パーセントを超える割合を占めていたが，1406年以降は，ほ
ぼ30パーセント以下の占有率となる。しかし，1411年以降ほぼわずかなが
ら直接税総額は増加傾向にあったし，間接税収入の安定した増加により歳入は
安定している。すなわち，市外からのビールに課された関税収入は，年によっ
て数値にばらつきはあるものの多少増大した程度であるが，市内のビール消費
税収入は15世紀初頭の約20年間で2倍に増加しており，課税率等に変化が
なければ，市のビール消費は15世紀初頭に順調に拡大したといえよう。14世
紀末に廃止された穀物製粉税は再び1403年に復活し，1410年代末頃には
400Bマルクにも達した（ただしその収入の約半額は施設の維持費として支出されてい
た）。その結果，間接税総額は20年代には1,000Bマルクを超え，直接税の80
パーセント弱，歳入総額の45パーセントとなるなど，市による課税強化が
あったにせよ，それは経済的に好況であったことを示しているといえよう。と
ころが，そうした市の好況を反映して，その信用の増大から市債の年「利率」
は低下しているにもかかわらず，市の支出した借入金の「利息」総額は1405
年以降わずかながら再び増加し始めた。すなわち，レンテ市債発行残高が15
世紀初めから再び増加に転じ，1413年には10,420Bマルクに，1416年には
11,268Bマルクへと少しずつではあるが増加していき，20年代には市の財政
規模が拡大する中で，その「利息」の歳出に占める割合も30パーセントを越

えていくのである（グラフ 1-4 参照）[95]。表 1-7，1-8 のように，1401 年を除き，15 世紀最初の四半期はすべての年において，寄付金を加算しても，わずかとはいえ歳出が歳入を上回っており，市財政を維持するためには借入金が必要であったのである。しかも，市は 1410 年代中頃以降，市経済が成長し，他方で周辺地域において平和が維持されない状況下で，市債発行によって資金を集めて封建権力者への経済的支援を行なうとともに都市周辺地域の重要拠点を取得せざるをえなかったと考えられるのである[96]。それは，直接税の課税軽減により高い納税能力のある経済的上層の税負担が軽減され，他方で間接税の課税強化により結果として中下層の負担を増加させ，市民の経済的格差が増大したと予測されることと合わせ，市がなお多くの課題を内包していたことを示しているといえよう[97]。

　ハンザからの除名を解除され，オカー Oker 河の河川交通路を利用した交易の進展等により市の商業は活発化し，市の経済は順調に発展していった。事実上の借入金である市債発行残高も減少し，市は，直接税の軽減にもかかわらず財政の健全化を実現した。直接税の課税額を低下させ，間接税の比重を上昇させたのは，財政基盤の強化のためには補足率の低い直接税よりも確実な間接税に歳入を依存しようとする考えによるものであろう。その結果，一旦減少した歳入は 1416 年以後回復し，市民に必要な公共建造物の建設，維持に安定した支出が行なわれ，市の整備が進展したことが推測されるのである。

　富裕市民により多く課された特別財産税が軽減されたが，それはその恩恵を受ける有力市民には，むしろ危急の際の多額な支出に対応した寄付金を要請し，財政危機の回避をはかる現実的な政策とも考えられよう。しかし平時にあっては，市財政の間接税への依存強化は市民全体に広く担税を求めるものであり，それは経済的下層により重いものであり，市民の経済的格差の増大につながったであろう。他方，市経済の活性化とともに市政改革以後低下していた借入金の金利支出が 15 世紀初頭には再び増大するなど，市の財政からは，なお市にとって重要である商業路や地域の安全の確保のための支出が増大する傾向にあったことが推測される。以上のように，市運営にはなお難問が残存して

いたと考えられるのである。

4. 中世都市グライフスヴァルトの財政

　グライフスヴァルトは，ポメルンのバルト海に面した海港で，1241 年に建設され，1250 年にリューベック法を享受して領邦都市になっている。1326 から 28 年にはリューゲン Rügen 継承戦争が勃発し，市もその戦争に巻き込まれることになるが，以後も，都市君主をはじめ地域の封建権力者との確執は厳しいものであったといわれている[98]。市は 1342 年にポメルン公から，1355 年にも公の息子から土地を購入している記録が残っているが，これも度重なる紛争のため戦費不足に窮する封建権力者への財政支援の一部ではなかったかと考えられるのである[99]。

　ラインケは 15 世紀初頭の市の人口を 9,000 人程度と推定し，中都市に分類し，市を遠隔地商業都市 Fernhandelsstadt と規定している[100]。リューゲン継承戦争時の戦費の支払いから 1320 年代にすでに 15 の手工業の同職組合アムト Amt が存在していたことが知られるが，その職種は市民や周辺農民の日常生活に必要な品々を生産する職種であった[101]。14 世紀末に市場での販売所の借用料の支払い職種も重複する 5 業種を含め，16 業種はいずれも日常生活に必要な職種であり，鍛冶屋，鞣革屋，小商人等の職域，取り扱い商品が細分化されており[102]，商工業の進展がうかがえる。しかし，1401 年に成員数の確認できる 8 アムト Amt のうち人数が多いのは肉屋，靴屋，パン屋の順で，それらは市民生活に必要な品を供給するアムトであり，市が特出した輸出生産品をもたない，商業に依存度の高い都市であったことがわかる[103]。しかも，そうでありながら，ハマンによればグライフスヴァルトは隣接するシュトラールズントと同様に後背地は狭かったと述べており，市は市の経済状況を良好に維持するためには諸外国との貿易，特にバルト海沿岸地域の政治状況に強く影響を受ける遠隔地商業と，市周辺の狭い後背地における商業の維持，発展をはからなければならなかったと考えられるのである[104]。

　グライフスヴァルトの場合，歳入を上回る歳出に補塡される借入金や土地購入への支出など全体が明らかでなく，しかも都市の規模から考えると財政台帳の数字が財政全体を示すものであるかも明らかでない。しかし，ハンザの中都市の財政がどのようであったのかは，ハンザ都市全体を考える上で重要なことであり，明らかとなる費目の増減等から都市経済の動向を把握することは有用なことであろう。

　グライフスヴァルトの財政のうち，財政台帳 Kämmereibuch から明らかとなる範囲では，歳入は表 1-9 のように 14 世紀後半から 14 世紀末にかけて緩やかに上昇傾向にあった。1400 年に歳入の減少が見られるものの，9 年後には 14 世紀末の水準に回復した。税収は財産税である直接税しか明らかにならないが，税額も納税者数も 14 世紀末を頂点にわずかに低下し，その後回復しているようにも見える。直接税収入の歳入に占める割合は低下している中，歳入全体の額が回復しており，市による歳入増大に向けての努力の成果ではなかったかとも推測される。

　それに対し歳出は，1390 年に急増し，1,000 ズントマルク Sudisch Mark（以下 S マルクと略す）を超え，以後再び微増を継続して 15 世紀初頭まで推移した。14 世紀末までは，農地や不動産等からの収入が若干増加していたことから都市内外における市有財産の増加や，市経済の安定をうかがい知ることができるように思われる。それは戦時におけるハンザへの兵力提供が，1362 から 68 年の対デンマーク戦争時から 1399 年の海賊との戦い時へとわずかに上昇していることからもわかるのである[105]。しかも公共事業費が 1370 年代から 80 年代にかけて歳出総額の約 1/3 を占めていたのである。

　しかし，財政収支は 1380 年から 1409 年まで常に歳出超過で，特に 1390 年には約 650 S マルクの歳出超過であった。この差額はおそらく市債の発行等で補われたと思われるが明らかでない[106]。そうした財政上の事情からか公共事業費は 1395 年を境に急減している。また商工業施設の利用料があまり増大しておらず，市の歳入に占める割合を低下させており，14 世紀末以降市の商工業の停滞が感じられる。しかも，15 世紀前半，後半と市によるハンザへの

表1-9 グライフスヴァルトの歳入と歳出

歳入

費目＼年	1380		1385		1390		1395		1400		1405		1409	
地代	28m. 14s.	6%	48m. 1s.	7%	51m. 10s.	7%	55m. 2s.	6%	55m. 5s.	7%	51m. 10s.	6%	48m. 12s.	5%
水車、浴場等施設利用料	42m. 8s.	8%	46m.	7%	46m.	6%	51m.	5%	63m.	8%	69m.	8%	70m. 2s.	7%
事業収入			112m. 4s. 6pf.	16%	121m. 5s. 6pf.	17%	30m. 3s.	3%	110m. 1s. 6pf.	14%	80m. 13s.	10%	104m. 2s. 6pf.	11%
商工業施設利用料	197m. 8s. 6pf.	38%	203m. 7s.	29%	207m. 15s.	29%	192m. 4s. 6pf.	20%	188m. 3s.	24%	196m. 7s.	23%	197m. 8s. 6pf.	20%
村落、農地からの収入	100m. 12s.	19%	89m. 2s.	13%	99m. 11s. 6pf.	14%	110m. 14s.	11%	98m. 4s.	12%	92m. 6s.	11%	97m. 8s.	10%
財産税	45m. 14s.	9%	57m. 1pf.	8%	50m. 6s. 6pf.	7%	64m. 7s. 8pf.	7%	66m. 7s.	8%	46m. 6s. 8pf.	5%	61m. 11pf.	6%
課税対象者数	41人		47人		39人		45人		35人		39人		44人	
納税者数	26人		43人		36人		32人		30人		28人		35人	
罰金	105m. 13s. 8pf.	20%	141m. 12s. 8pf.	20%	94m. 3s.	13%	178m. 7s.	18%	121m. 3s. 6pf.	15%	114m. 14s. 6pf.	14%	91m. 1s. 6pf.	9%
その他			5m.	1%	25m. 6s.	3%	155m. 8s.	16%	38m.	5%	58m.	7%	225m. 6s. 4d	23%
合計	520m. 14s. 2pf.		704m. 14s. 3pf.		724m. 14s. 6pf.		973m. 13s. 8pf.①		784m. 12s.		836m. 15s. 2pf.②		966m. 1s. 9d③	

（注）財政台帳では、① 1107m. ② 970m. 10s. 8pf. ③ 1009m. 9s. 6pf.

歳出

費目＼年	1380		1385		1390		1395		1400		1405		1409	
公共事業費	243m. 2s.	43%	352m. 15s. 6pf.	39%	428m. 11s. 2pf.	31%	184m. 1s. 3pf.	19%	184m. 9s. 2pf.	19%	208m. 13s. 11pf.	21%	106m. 13s.10pf.	10%
行政管理費	179m. 6pf.	32%	185m. 5s. 8pf.	20%	188m. 13s. 9pf.	14%	255m. 9s. 11pf.	26%	280m. 2pf.	28%	255m. 11s. 2pf.	25%	213m. 8s. 4d	20%
饗応接待費	65m. 4s. 3pf.	12%	157m. 5s. 11pf.	17%	238m. 9s. 1pf.	17%	199m. 4s. 3pf.	20%	158m. 12s. 9pf.	16%	197m. 13s. 11pf.	20%	261m. 7s. 8pf.	25%
物資調達費	69m. 14s.	13%	162m. 3s.	18%	433m. 13s. 8pf.	32%	275m. 8s. 2pf.	28%	285m. 13s.10pf.	29%	266m. 5s. 3pf.	29%	303m. 6s. 6pf.	29%
その他	2m. 10pf.	1%	49m. 8s.	6%	82m. 12s. 8pf.	6%	60m. 10s. 2pf.	6%	135m. 14s. 9pf.	14%	79m. 14s.	8%	163m. 14s. 7pf.	16%
合計	559m. 5s. 7pf.		907m. 14s. 1pf.		1372m. 12s. 4pf.		975m. 1s. 9pf.		984m. 14s. 9pf.		1008m. 9pf.		1049m. 2s. 8pf.	

（注）歳入、歳出合計額はフェングラーによる。費目合計と合計額が同一でない場合があるが、修正されていない。パーセントはフェングラーの合計額に対する割合。m. はマルク、s. はシリング、pf. はペニヒ。

（出典）G. Fengler, Untersuchungen zu den Einnahmen und Ausgaben der Stadt Greifswald im 14. und beginnenden 15. Jahrhundert (besonders nach dem Kämmereibuch von 1361-1411). Greifswald 1936. より作成。

兵力提供や人口が減少していることからは，グライフスヴァルト経済が14世紀末から15世初めを境に厳しい状況に移行したように思われる[107]。

5. 中世ハンザ都市の税収

　グラフ1-5のように，リューベックでは直接税の財産税は税率の低下によって減収になった後も低下し続けた[108]。それに対し，間接税のうち関税収入は増加を続け，多額の歳入をもたらした。特にリューネブルク塩の輸送路であるシュテクニッツ運河の関税収入は1470年代には直接税収入総額を超えた[109]。さらにハンブルクとリューベック間を最短で結ぶアルスター・トラーフェ Alster・Trave 運河からのホルステンブリュッケ Holstenbrücke 関税と造船税を加

グラフ1-5　15世紀リューベックにおける財産税収入と
シュテクニッツ運河の関税収入

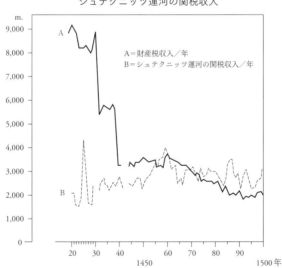

（注）　単位 m. はリューベックマルク（Lübeck Mark）。

（出典）　R. Hammel, Häusermarkt und wirtschaftliche Wechsellagen in Lübeck von 1284 bis 1700. Hansische Geschichtsblätter. 106. 1988. S. 77, 80f, 107. J. Hartwig, Lübecker Schoß bis zur Reformationszeit. Leipzig 1903. S. 192f.

えた間接税総額は，15世紀の40年代に直接税を超え，以後市の歳入において間接税収入が勝るようになった[110]（グラフ1-6，地図3参照）。そのうちシュテクニッツ関税は，フランスの大西洋岸地域よりもたらされるベイ塩 Baiensalz のバルト海地域への流入にもかかわらず，リューネブルク塩が15世紀から16世紀に向けてリューベック財政を支える歳入としての比重を増してさえいる。しかし15世紀末以降，直接税同様間接税も増収にはならず，都市リューベックの経済が停滞していたことも示している[111]。

ハンブルク市の財政規模は，15世紀初めから中頃までの史料は失われており，それ以前と以後の数字から推測するしかないが，北欧デンマークとの抗争が続き，海賊の被害に苦しめられた14世紀後半から，周辺地域が多少落ち着いた15世紀の後半にかけてその歳入は着実に成長している。歳入の内訳では，財産税等の直接税収入額は14世紀以降増加を続けているし[112]，財産税の課税者数も増加している[113]。14世紀後半から16世紀にかけて，ハンブルクでは少額納税者が増大する傾向にあったと思われるものの，市政の中心となる多額納税者の上層市民もかなり増加した[114]。しかし，直接税が市の歳入全体に占める割合は16世紀中葉まで一貫して低下し，16世紀以降おおむね20パーセント以下で推移している。逆に間接税（消費税）の額は増加し，16世紀中葉には財産税等直接税の総額に近づくに至った[115]。このように間接税が増加したのは，ビール消費税の税収の継続した増加によるところが大きい[116]。一時停滞したハンブルクのビール醸造業ではあったが，15世紀末にはハンブルクビールの消費の再増加が間接税の増収，歳入の増加に貢献したと考えられている（表1-3参照）[117]。

関税収入のうち，早くから設けられていたヴェルク関税は，14世紀後半から15世紀後半に約6倍余に増加している。15世紀中頃以降には関税収入の割合は全歳入における約10パーセントを維持し，以後ほぼ順調に成長し，それと並行して財政規模も拡大し，市経済もまたおおよそ順調に成長していったことが推測できるのである[118]。しかしながら，ハンブルクでは14世紀後半から15世紀後半にかけて，事実上の借入金の増加が見られ，経済成長を続けなが

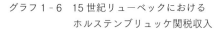

グラフ 1 - 6　15 世紀リューベックにおける
ホルステンブリュッケ関税収入

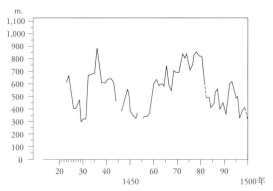

（注）　単位 m. はリューベックマルク（Lübeck Mark）。
（出典）　グラフ 1-5 と同じ。

地図 3

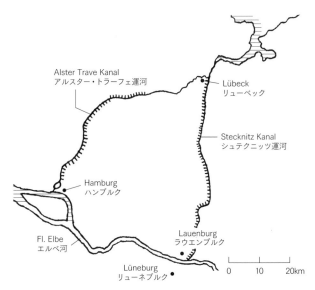

（出典）　H. Reincke, Hamburgische Territrialpolitik. Zeitschrift des
　　　　Vereins für hamburgische Geschichte. Bd. 38. 1937. S. 88f, Tafel 5
　　　　より作成。

らも経済上の不安材料も増加していたことも事実であった。

　1374年の政変によるハンザの除名処分から1380年の除名解除まで経済の停滞に苦しんだ内陸のハンザ都市ブラウンシュヴァイクであったが，除名解除後の諸改革を通じ，15世紀初頭には経済的安定を取り戻していった。市の財政収入は，10年代半ばまでは現状維持で，歳出が歳入を上回る年も少なくない。しかし，市財政の安定と「繁栄」は，市民への直接税の課税軽減にもかかわらず，1388年より1401年の市の歳入は多く[119]，1406年には1389年の市債発行残高は3割弱にまで減少していることからも推察できるのである[120]。こうした負債の減少によって，市の信用も回復し，市債のうち永代レンテの年「利率」も低下を続けた[121]。

　しかし，15世紀初頭には軍備，戦費のために多額の支出が記録され，近隣に居住する貴族や都市君主との紛争が勃発するなど，市周辺はなお平和を維持することはできなかった[122]。それに対応して財政を圧迫するような高額な戦費が支出されたが，その時期には富裕な上層市民が多額の寄付を市にしている。それは市の歳入の半分，同年の税収に相当する額であった。

　レンガ製造場と採石場からの事業収入も極めて少額の年もあり，そして事業運営支出が収入を上回る年が多い。しかし1420年代に入ると事業収入額は回復し，収入が支出を大きく上回るに至った。この施設は市の事業収入を得る以上に公共建造物等の建設のための資材を確保し，公共建造物等を維持するためのものであったと思われ，市によって収入を超えた公共施設の建設，維持が着実に行なわれていたことが推測される。しかも，その収支は1420年代には健全化していき，この時期には市経済の安定が進展していたことが推測されるのである[123]。

　ブラウンシュヴァイクでは，直接税の課税率引き下げによって各市民の直接税額負担が次第に低下している。1388年と1404年以降では，直接税の財産税と財産税の12倍の課税額であった特別財産税はともに1/4に軽減されている。その結果，直接税総額は1404年以降では減少している[124]。直接税軽減とも関連して，税収は1410年代前半には低迷したが，後半に入るとわずかなが

らその総額は増加した。

　市外からの輸入ビールに課された関税収入とビールの消費税収入は 15 世紀初頭の約 20 年間で 2 倍に増加した。穀物製粉に課された間接税も増加し，市による間接税の課税強化があったにせよ，間接税収入は増大し，市の経済が好況に向かったことを示しているといえよう。

　ところが，そうした市の好況を反映して，その信用の増大から市債の年「利率」が低下しているにもかかわらず，市の支出した「利息」総額はわずかながら増加しはじめる。すなわち，市の歳入不足に対応した市債の発行残高が 15世紀初めから再び増加に転じた（グラフ 1-7 参照）。それは，周辺地域における紛争に対応して，市は封建権力者への経済的支援と都市周辺地域の重要拠点を取得せざるをえなかったからであろう[125]。直接税の課税軽減と間接税課税強化は税収を確保する上で現実的な政策ともいえようが，中下層市民の経済的負担は相対的に増加した。

グラフ 1-7　ブラウンシュヴァイクのレンテ，年金「利息」の歳出に占める割合

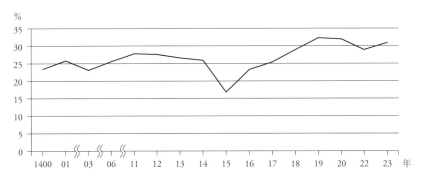

（出典）　Die Chroniken der deutschen Städte vom 14. bis ins 16. Jahrhundert. Hrsg. durch die historische Kommission bei der Bayerischen Akademie der Wissenschaften. Bd. 6. Leipzig 1868. S. 121-281. Urkundenbuch der Stadt Braunschweig. Hrsg. v. L. Hänselmann / H. Mack. Bd. 1. Braunschweig 1873. S. 79-214. O. Fahlbusch, Die Finanzverwaltung der Stadt Braunschweig 1374-1425. Untersuchungen zur deutschen Staats- und Rechtsgeschichte. Bd. 116. Breslau 1913 (1970). S. 166ff. H. Dürre, Geschichte der Stadt Braunschweig im Mittelalter. Braunschweig 1861 (1974). S. 314-347. より作成。斯波照雄『ハンザ都市とは何か─中近世北ドイツ都市に関する一考察─』中央大学出版部，2010 年，92 頁。

グライフスヴァルト市の財政のうち，歳入は一時減少するものの，全般的に緩やかな上昇傾向にあった。1409 年には，14 世紀末の水準に回復した。税額も納税者数も大きな変化はないが，直接税収入の歳入に占める割合は低下している。それは市がより広く歳入を求めた結果であり，市経済の好転と見ることもできよう。歳入額と公共施設の建設や必要物資の調達に関する費用の増大，農地や不動産収入の若干の増加が推定されることから都市内外における市有財産も増加したと考えられ，ハンザへの提供兵力の微増を考え合わせると安定した経済状況が推察される[126]。

　しかし，15 世紀に入ると商工業施設の利用料は伸びておらず市の商工業の停滞も感じられる。フェングラーはわずかな歳入の増加を推定しているが，15 世紀における市によるハンザへの提供兵力や人口の減少は，以後市経済が停滞傾向にあったことを示しているといえよう[127]。また，財政収支は常に赤字で，想定される「利息」の支出をも考慮に入れるならば，グライフスヴァルトの経済事情はより一層厳しいものであったと思われるのである。

6. 中世ハンザ都市の歳出の特徴

　中世のドイツ都市では，マールブルク Marburg のように 15 世紀中頃において都市君主に歳出の 20 〜 40 パーセントに相当する貢納を支払ってもなお歳入が歳出を上回ると思われる都市もあったが，多くの都市では負債は増大し，それにともなって債務は増大し，どの都市でも課税が強化されたという。それにもかかわらず，債務費と軍事費の合計が歳出全体の 80 ％に達した都市もあったという[128]。

　ハンブルクの中世末期の歳出動向は 15 世紀前半の歳出，歳入が明らかにならないため，14 世紀後半と 15 世紀前半の史料から推測せざるをえないが，この半世紀の間に歳出は約 5 倍に増加した。それはハンブルクの成長を示すものであろう。そのうち事務管理費は金額としては増加しているが，割合は減少している。それに対し軍事費は 10 倍以上に増加し，歳出全体に占める割合も

倍増している。軍事費はさらにそれに続く 16 世紀前半には 14 世紀後半の 80 倍以上に達するのである[129]。市をとりまく環境が厳しくなっていったことを示しているといえよう。公共事業建設費は 15 世紀後半には 4 倍に増加した。市の公共施設が充実していったことは事実であろう。1436 年から 37 年のマインツ Mainz における建築費支出が歳出額の 1 パーセント以下であったのと対照的である[130]。しかし，市の支出の中で大きな割合を示しているのは，レンテに対応した利息の支払額である。総支出に対する割合としては 4 倍程度の増加であるが，額は 20 倍以上に達したのである。このレンテの「利息」は，歳出超過に対応した市債発行に対する「利息」の支払いであり，事実上の借入金「利息」であろう。すなわち借入金の歳入に占める割合は，14 世紀後半の 4 パーセントから 15 世紀後半には 15 パーセントにも増加し，市債発行残高への「利息」の支出は歳出の 32 パーセントにも達していたのである[131]。換言すれば，ハンブルクの財政は一見黒字のように見えるが，歳入不足を市債の発行，販売等によって補った結果であり，事実上財政収支は赤字であった。このようにハンブルク市の財政事情はこの時期に悪化したと推測されるのである[132]。

　ブラウンシュヴァイクでは，15 世紀に入ると地域内紛争も減少し，市は平静を取り戻すが，1416 年には再び抗争が勃発し多額の戦費支出が記録され，1419 年以降事実上の借入金「利息」の総額は 30 パーセント前後に達した。1415 年に「利息」が 16 パーセント余に下落しているが，これは富裕市民の寄付により歳入総額が増加した結果であって，市の支払った「利息」額は確実に増加していた。14 世紀初頭に歳入の約 40 パーセントをそうした借入金で賄い，その「利息」が歳出に占める割合が 45 パーセントに達していたマインツほどではないにしても高水準に達していたことも事実であった[133]。このように歳入不足に対応した市債の発行は増大したが，そのうち，「利率」は高いが他人への譲渡ができない一代限りの年金，すなわち受給者の死亡をもって終了し，元金償還の必要のない年金の「利息」額は確実に増加しているのに対し，譲渡可能で最終的に元金の償還が必要な永代レンテはそれほど増加していな

い。それは，財政悪化を経験し多額の市債を発行した市が償還が集中することなどにより生じる財政危機を回避し，安定した財政運営を意図した結果ではなかろうか。公共建造物等の建設のための資材を確保し，公共建造物等を維持するためのものであったと思われるレンガ工場と採石場の安定した運営費支出は，市によって公共施設の建設，維持が着実に行われていたことを推測させるが，その額が歳出に占める割合は3パーセント程度と低かった。

　グライフスヴァルトの歳出は，1390年に急増したものの，それ以外の年では15世紀初頭まで微増が続いた。財政収支は歳出額の判明する1375年以降常に歳出超過で，特に1390年には約650Sマルクにもおよぶ財政赤字を計上している。この差額は，おそらくは市債の発行などにより賄われたであろう。1370年代から80年代にかけて歳出総額の1/3を占めていた公共施設建設費が，1390年代から15世紀初頭に向けその支出額は減少しており，この点からも14世紀末から15世紀初頭にかけての市経済の停滞が推測されるが，それでも14世紀初頭において歳出の10～20パーセントを占めていたのである。軍事費，安全維持費や接待費が高額，高比率であることからは市の自立がなお危うい環境にあったことが推測されるし，同職組合等への生活物資の支給などのための多額の物資調達費の支出からは，経済発展が緩やかにしか進まず，その中で個別組織の経済的自立もまた不十分であった可能性が考えられる。

小　　括

　本章ではリューベックを含め4ハンザ都市を取り上げた。それらの都市は規模も存在する地域の事情も異なり，単純に比較することはできないが，これまで述べてきた各都市の税収や歳入歳出全体の共通点や傾向を中心に整理しておきたい。

　ハンザ史研究において，当初14世紀後半から15世紀の時期は最盛期と考えられてきたが，政治的に厳しい環境にあり，それと連動するかのようにハン

ザの経済活動も順調とはいえない状況にあった。しかし，ここで取り上げたハンザ都市について歳入歳出額の増減から見るならば，各都市により増加の度合いは異なるものの，ハンブルク，ブラウンシュヴァイク，グライフスヴァルトではいずれも増加しており，財政規模は拡大しており，この点から見る限りハンザ都市も成長を維持していたと評価できるであろう。

　直接税収入はハンブルクでは 15 世紀前半の史料が欠如しているものの，14 世紀後半と 15 世紀後半の史料からはこの時期の財政規模の拡大が推測され，順調に増加していたと推測され，ブラウンシュヴァイクでは直接税の課税が軽減されたこともあり，15 世紀初頭には減収となった。しかし，ブラウンシュヴァイク，グライフスヴァルトでは減収になった後に微増に転じている。リューベックでは以後も減収が続き，直接税の税収から見る限りでは 4 都市の中ではリューベック市の経済力の低下が顕著であったことが明らかであった。

　他方，税の直間比率については，間接税収入が明らかになるハンブルク，ブラウンシュヴァイクでは関税，消費税等の間接税の割合が上昇している点で共通している。すなわち，ハンブルクでは 14 世紀後半には消費税と関税を合わせた間接税は税収の 13 パーセント，消費税だけでは 4 パーセントにすぎなかったが，15 世紀後半には間接税が 44 パーセント，消費税が 19 パーセントに増加していた。またブラウンシュヴァイクでも 15 世紀初頭に直接税の課税が緩和されたこともあり，間接税は以後 10 年代にかけて 22 パーセントから 44 パーセントに増加し，15 世紀前半における税収全体が直接税から間接税へと重心移動する傾向は明らかであり，15 世紀前半に税制の大きな変化があったことが推測される[134]。

　間接税では課税率の変化や新税の創設等の課税強化もあり，それらがそのまま経済力の動向を示すものではないが，関税や消費税などが減収とは思われず，歳入総額では 14 世紀後半から 15 世紀前半にかけてハンザ都市の経済動向が特に悪化していないことを示しているといえよう。しかし，各都市で税制などの改革が行なわれたのは，増大してきた歳出に対応したものとも考えら

れ，歳入の確保の必要に迫られてのことであったと思われる点も看過すべきではなかろう。税収をしっかりと捕捉できない直接税に依存するよりも，確実な間接税に移行し，目的税化した関税などの導入による都市環境の整備が行なわれ，消費税の課税対象の拡大や課税率を上げることによって歳出増加に対応したのであろう[135]。

　以後も，ハンザ都市における歳出超過は深刻で，一方において市債発行等による財政不足を補うとともに，様々な課税強化策が実施されるが，14世紀後半から16，17世紀に至るまで各都市で市民の抗議活動，抗争が勃発するなど，ハンザ都市の展開には紆余曲折があったと考えられるのである[136]（表1-10参照）。すなわち，歳入の増加策と並行して，各都市は歳出の抑制にも努めなければならなかったと思われるのである。

　歳出超過の最大の原因は軍事費支出であり，都市にとって周辺地域の治安維持，商業路の安全確保が大きな経済負担を伴うものであったのである。しかも，その不足分の多くは借入金によって賄われたのであり，市の経済がただ発展していたとは評価できないであろう。ハンブルク，ブラウンシュヴァイク両都市とも歳出の約3割を事実上の借入金の「利息」に充当しなければならないなど財政の悪化には将来に懸念は残るものの，なお最悪の状況ではなかったと思われる。すなわち，財政収支が厳しい状況にあってもなお各都市において公共施設の維持，拡充のための支出は維持され，環境維持のための努力が継続して行なわれていたと思われるからである。しかし，グライフスヴァルトでは，14世紀末に大きな財政赤字を経験した後，公共事業費は大きく減少して

表1-10　財政政策が争点となった16世紀末〜17世紀初の抗争

都市名	年
ヴィスマール	1595-1600
リューベック	1598-1605
シュトラールズント	1612-1616
グライフスヴァルト	1613-1323

（出典）　U. Rosseaux, Städte in der Frühen Neuzeit. Darmsstadt 2006. S. 65f.

36

おり，規模の小さいハンザ都市ほど財政は厳しかったのではないかと推測される。

このようにハンザ都市にとって 14・15 世紀には各都市の多様性が明らかとなり，特に 15 世紀は，各都市が繁栄を維持するために現実に対応した変革を行なう転換点となったと評価できるのではなかろうか。

（注）

1） E. Daenell, Die Blütezeit der deutschen Hanse. Hansische Geschichte von der zweiten Hälfte des 14. bis zum letzten Viertel des 15. Jahrhunderts. Bd. 1, 2. Berlin 1905, 1906. Vgl. T. Lindner, Die deutsche Hanse, Ihre Geschichte und Bedeutung. Leipzig 1899. D. Schäfer, Die deutsche Hanse. Bielefeld 1903.

2） F. Rörig, Hansische Beiträge zur deutschen Wirtschaftsgeschichte. Breslau 1928. S. 139ff. Vgl. A. v. Brandt, Geist und Politik in der lübeckischen Geschichte. Lübeck 1954.

3） Ph. Dollinger, La Hanse. Paris 1964. 英訳 Ph. Dollinger, The German Hansa. Translated and edited by D. S. Ault / S. H. Steinberg. London 1970. 日本語訳 Ph. ドランジェ，高橋理監訳，奥村／小澤／小野寺／柏倉／高橋／谷澤訳『ハンザ　12-17 世紀』みすず書房，2016年。

4） 例えば，J. Schildhauer, Soziale, politische und religiöse Auseinandersetzungen in den Hanse-städten Stralsund, Rostock und Wismar im ersten Drittel des 16. Jahrhunderts. AHS. Bd. 2. Weimar 1959. S. 42ff. K. Fritze, Am Wendepunkt der Hanse. Berlin 1967. S. 115ff.

5） J. Schildhauer / K. Fritze / W. Stark, Die Hanse. Berlin 1974. S. 151ff. 彼らは，こうした一連の抗争を有力市民の寡頭支配体制に対し，被支配市民全体による経済的自由と政治的同資格性を求めた闘いと捉え，「市民闘争」と称し，ツンフト・手工業者による反市政運動＝「ツンフト闘争」と異なる評価をした。Vgl. E. Engel, Die deutsche Stadt des Mittelalters. München 1993. S. 129f. 市民抗争全般の原因については，とりあえず，斯波照雄『中世ハンザ都市の研究—ドイツ中世都市の社会経済構造と商業—』勁草書房，1997 年，185 頁以下参照。

6） K. Fritze, Tendenzen der Stagnation in der Entwicklung der Hanse nach 1370. Wissenschaftliche Zeitschrift der Ernst-Moritz-Arndt Universität Greifswalt. Gesellschafts- und Sprachwissenschaftliche Reihe. 5/6. Bd. 12. 1963. S. 519ff.

7） ドランジェ，前掲書，79 頁。

8） 1361 年 5 月 19 日支払い。W. Stieda, Das Schonenfahrergelag in Rostock. HGbll. 19. 1890/91. S. 123. なお，リューベックマルクは，リューベック，ハンブルクなどヴェン

ト諸都市 Wendische Städte の通貨であるが，ハンザ都市全体の基軸通貨でもあった。

9) Stieda, ibid., S. 123f.

10) ドランジェ，前掲書，79-80，136 頁。

11) HR. Bd. 1. Nr. 370. 1365 年 10 月 22 日調印。

12) ドランジェ，前掲書，79 頁。彼らにとって脅威であったデンマークの解体，分割を目的とした 1369 年までの 1 年間の同盟。

13) ドランジェ，前掲書，80-82 頁。個別の同盟の集合の結果として対デンマーク同盟が成立した。シュトラールズント条約に至るハンザ各都市の周辺事情のうち，とりあえずリューベックについては，ドランジェの文献のほか C. Wehrmann, Überblick über die Geschichte Lübecks. Lübeck. S. 13-17. 参照。

14) Rörig, op. cit., S. 139ff.

15) ドランジェ，前掲書，85-87 頁。Daenell, Die Blütezeit der deutschen Hanse. Bd. 1. S. 79-87.

16) H. P. Baum, Hochkonjunktur und Wirtschaftskrise im spätmittelalterlichen Hamburg. Hamburger Rentengeschäfte 1374-1410. BGH. Bd. 11. Hamburg 1976. S. 134f.

17) Baum, ibid., S. 128ff. Vgl. K. Koppmann, Der Seeräuber Kraus Störtebeker in Geschichte und Sage. HGbll. 7. 1877. S. 35ff.

18) W. Koppe, Lübeck-Stockholmer Handelsgeschichte im 14. Jahrhundert. Abhandlungen zur Handels- und Seegeschichte im Auftrage des hansischen Geschichtsvereins. Bd. 2. Neumünster 1933. S. 6-14, 109-111. F. Bruns, Die Lübecker Bergenfahrer und ihre Chronistik. HGq. Neue Folge. Bd. 2. Berlin 1900. S. XXXV, XLV-L. Revaler Zollbücher und -Quittungen des 14. Jahrhunderts. v. W. Stieda. HGq. Bd. 5. Halle 1887. S. LVII.

19) R. Sprandel, Das Hamburger Pfundzollbuch von 1418. HGq. Neue Folge. Bd. 18. Köln 1972. S. 57.

20) HUB. Bd. 4. Nr. 935. Bd. 5. Nr. 799.（1407. 7. 12）

21) 斯波『中世ハンザ都市の研究』89-108 頁。

22) ドランジェ，前掲書，136, 308-311 頁。W. Stein, Die Burgunderherzöge und die Hanse. HGbll. 29. 1902. S. 27-42. E. Daenell, Holland und die Hanse im 15. Jahrhundert. HGbll. 31. 1904. S. 1-41.

23) ドランジェ，前掲書，316-319 頁。W. Stein, Die Hanse und England beim Ausgang des hundertjährigen Kriegs. HGbll. 46. 1921. S. 27ff.

24) ドランジェ，前掲書，308-311 頁。Stein, Die Burgunderherzöge und die Hanse. S. 27-42. Daenell, Holland und die Hanse. S. 1-41.

25) 斯波『中世ハンザ都市の研究』25-62, 89-153 頁参照。

26) Dollinger, La Hanse. 英訳 The German Hansa. p. 435. 表 47。G. Schanz, Englische Handels-

politik gegen Ende des Mittelalters. Bd. 2. Leipzig 1881. S. 103, 155. E. Power / M. M. Postan, Studies in English trade in the fifteenth century. London 1951. p. 497. ただし，高橋理『ハンザ「同盟」の歴史―中世ヨーロッパの都市と商業―』創元社，2013 年，250-251 頁では，16 世紀前半におけるハンザ商人のイギリス毛織物輸出は増加傾向にあったが，新製品の布地輸出からは締め出されていたし，品目によって，例えばワイン取引でもハンザ商人は締め出されていたことが指摘されている。

27) 例えば，北欧貿易の変動については Koppe, op. cit., S. 124. を参照。

28) W. Stark, Lübeck und Danzig in der zweiten Hälfte des 15. Jahrhunderts. Untersuchungen zum Verhältnis der wendischen und preußischen Hansestädte in der Zeit des Niedergangs der Hanse. AHS. Bd. 11. Weimar 1973. S. 23-25.

29) ドランジェ，前掲書，297-300 頁参照。W. Stieda, Hansische Vereinbarungen über städtisches Gewerbe im 14. und 15. Jahrhundert. HGbll. 15. 1886. S. 127f.

30) W. Bing, Hamburgs Bierbrauerei vom 14. bis zum 18. Jahrhundert. ZVhG. Bd. 14. 1908. S. 308. クーリッシャーが 16 世紀以降ハンブルクが急激に発展をしたとするのもかかる数字等が根拠となっているのかもしれない。しかし，歳入の急増は間接税等課税強化の結果でもあったことも看過すべきではなかろう。本章注 40) 参照。J. Kulischer, Allgemeine Wirtschaftsgeschichte des Mittelalters und der Neuzeit. Bd. 2. München 1929（1976）. S. 256.

31) H. Raape, Der Hamburger Aufstand im Jahre 1483. ZVhG. Bd. 45. 1959. S. 2.

32) ラインケによれば，1376 年には 8,000 人ほどであった市の人口は 1496 年には 14,000 人に，1500 年代初頭には 17,000 人に増加したという。H. Reincke, Bevölkerungsprobleme der Hansesätdte. HGbll. 70. 1951. S. 21, 28.

33) Reincke, ibid., S. 27f.

34) K. Zeiger, Hamburgs Finanzen von 1563-1650. Hamburger wirtschafts- und sozialwissenschaftliche Schriften. Heft 34. Rostock 1936. S. 135-144, 148-151. すでに 20 世紀初頭にポットホフによって同時期のハンブルクの歳入，歳出が算出されている。若干数字は異なるが大きな違いはない。Vgl. H. Potthoff, Der öffentliche Haushalt Hamburg im 15. und 16. Jahrhundert. ZVhG. 16. 1911. S. 11.

35) Raape, op. cit., S. 4.

36) W. アーベル，寺尾誠訳『農業恐慌と景気循環―中世中期以来の中欧農業及び人口扶養経済の歴史―』未來社，1972 年，372-373 頁。

37) P. C. Plett, Die Finanzen der Stadt Hamburg im Mittelalter（1350-1562）. Phil. Diss. Hamburg Univ. 1960. S. 247.

38) Hamburgische Burspraken 1346 bis 1594 mit Nachträgen bis 1699. Bearb. v. J. Bolland. Veröffentlichungen aus dem Staatarchiv der Freien und Hansestadt Hamburg. Bd. 6. Hamburg 1960. Teil 2. S. 128, 234ff. Bing, op. cit., S. 293. H. Huntemann, Bierproduktion und

Bierverbrauch in Deutschland vom 15. bis zum Beginn des 19. Jahrhunderts. Phil. Diss. Göttingen Univ. 1970. S. 31. 斯波照雄「ハンザ都市ハンブルクの発展と醸造業」木立真直／辰馬信男編『流通の理論・歴史・現状分析』中央大学企業研究所研究叢書 26，中央大学出版部，2006 年，93-102 頁。

39) Daenell, Die Blütezeit der deutschen Hanse. Bd. 1. S. 266f. 高村象平『ドイツ・ハンザの研究』日本評論新社，1959 年，130 頁。C. v. Blanckenburg, Die Hanse und ihr Bier. Brauwesen und Bierhandel im hansischen Verkehrsgebiet. HGq. Neue Folge. Bd. LI. Köln 2001. S. 33-57. Vgl. K. -J. Lorenzen-Schmidt, Bier und Bierpreise in Schleswig-Holsteins Städten zwischen 1500 und 1560. Studien zur Sozialgeschichte des Mittelalters und Neuzeit. Hrsg. v. F. Kopitzsch / K. -J. Lorenzen-Schmidt. Hamburg 1977. S. 132ff. Huntemann, ibid., S. 40, 245.

40) ビールへの課税は 16 世紀の第 1 四半期まで一樽 1 シリング Schilling であったが，1526-38 年には 2 シリング，1539-60 年には 4 シリング，1564-78 年には 8 シリングと上昇し，1685 年には 2.5 マルクとなった（1 Mark = 16 Schilling）。Bing, op. cit., S. 302f, 308. Huntemann, ibid., S. 94ff. Zeiger, op. cit., S. 30, 149f. なお，関税もまた商品への課税であり，少なくとも当時の直接税と間接税という二つの範疇に分ければ間接税になるが，ここでは別枠で捉えることとする。

41) 外見上ハンブルクは少なくとも 14 世紀末以降，一時期の減退期を経験しつつも確実に経済的成長を遂げていたといえよう。Plett, op. cit., S. 247, 254f. Hamburg Weg zum Haushaltsplan. Städteforschung. Reihe C. Bd. 6. Bearb. u. Hrsg. v. H. -J. Bohnsack. Köln 1993. S. XLIV-LXI. P. Gabrielsson, Struktur und Funktion der Hamburger Rentengeschäfte in der Zeit von 1471 bis 1490. BGH. Bd. 7. Hamburg 1971. S. 105. Zeiger, op. cit., S. 51-80. なお，ヴェルク関税については F. Voigt, Der Haushalt der Stadt Hamburg 1601 bis 1650. Hamburg 1916. S. 71f.

42) H. P. Baum / R. Sprandel, Zur Wirtschaftsentwicklung im spätmittelalterlichen Hamburg. VSWG. Bd. 59. 1972. S. 473-485. K. -J. Lorenzen-Schmidt, Umfang und Dynamik des Hamburger Rentenmarktes zwischen 1471 und 1570. ZVhG. Bd. 65. 1974. S. 47. レンテとは土地，家屋に設定された権利およびそれが生み出す収益のことである。すなわち，「資本」の需要者は，自己の不動産上に物上負担 Reallast としてのレンテを設定し，これを「資本」の供給者に販売し，これによって供給者の「資本」はレンテ収益を生み，需要者は必要とする「資本」を得ることができた。「資本」の供給者が「資本」の回収を希望する時には，レンテは第三者に売却された。その場合，形は消費貸借ではなく，売買であり，借入金利息の支払いではなく，あくまでも「地代」の支払いという形態をとったために，教会の利息付消費貸借禁止令の対象とはならないことから商人等の「投資」対象となり，当時数少ない財産および「資本」の蓄蔵手段としてももちいられたのである。商業が停滞している時にはレンテの売買総額，売買件数は低下し，商業が活況を取り戻

してくると，まず「資本」は商業に投下され，商業が活性化した結果，再びレンテに還元されてレンテの売買も総体的に増大すると考えられ，近年では当時の景気を判断する材料の一つとして使われている。H. Mitteis, Deutsche Rechtsgeschichte. ein Studienbuch, zweite, erweiterte Auflage. München 1952. S. 107. Anm. 6. H. ミッタイス，世良晃志郎訳『ドイツ法制史概説』創文社，1954 年，233-235 頁。斯波照雄『ハンザ都市とは何か―中近世北ドイツ都市に関する一考察―』中央大学出版部，2010 年，29-55 頁。

43） H. Reincke, Hamburgische Territrialpolitik. ZVhG. Bd. 38. 1937. S. 47ff.

44） Plett, op. cit., S. 247.

45） Reincke, Hamburgische Territrialpolitik. S. 88.

46） Potthoff, op. cit., S, 60.

47） Plett, op. cit., S. 178-180, 254-256. Zeiger, op. cit., S. 103. J. F. Voigt, Die Anleihen der Stadt Hamburg während der Jahre 1601 bis 1650. ZVhG. Bd. 17. 1912. Vgl. H. Reincke, Die alte Hamburger Stadtschuld der Hansezeit（1300-1563）. Städtewesen und Bürgertum als geschichtliche Kräfte. Gedächtnisschrift für F. Rörig. Hrsg. v. A. v. Brandt / W. Koppe. Lübeck 1953. S. 499f.

48） Blanckenburg, op. cit., S. 56ff. 17 世紀に躍進した醸造業であったが，以後 18 世紀には再び停滞したものの Bing, op. cit., S. 309ff.，まもなくハンブルクビールは今一度発展を遂げたのである。ハンブルクの財政管理に関しては Vgl. H. -J. Bohnsack, Die Finanzverwaltung der Stadt Hamburg. BGH. Hamburg 1992. Bd. 43. S. 24-28, 81-84. を参照。

49） ブラウンシュヴァイクの当時の商業については，Rh. A. Rotz, Urban uprisings in fourteenth-century Germany: a comparative study of Brunswick（1374-1380）and Hamburg（1376）. Phil. Diss. Princeton Univ. 1970. p. 35. K. Kunze, Zur Geschichte des Goslarer Kupferhandels. HGbll. 22. 1894. S. 189ff. ラインケは，市を貿易生産都市 Exportgewerbestadt と遠隔地商業都市の中間形態と規定する。Reincke, Bevölkerungsprobleme der Hansestädte. S. 2, 6, 26. 当時のブラウンシュヴァイクにおける穀物価格は低廉で商品価値が高かったといわれる。アーベル，前掲書，372-373 頁。以下，市政改革までの事情については，斯波『中世ハンザ都市の研究』125-170 頁参照。なお，近年ブラウンシュヴァイクの地域史研究として，中世から 20 世紀にいたる総合的研究書 3 巻が出版された。しかし，残念ながら財政に関する研究は含まれていない。Die Wirtschafts- und Sozialgeschichte des Braunschweigischen Landes. Hrsg. v. C. Märtl / K. H. Kaufhold / J. Leuschner. Hildesheim 2008.

50） Urkundenbuch der Stadt Braunschweig. Hrsg. v. L. Hänselmann / H. Mack. Bd. 1. Braunschweig 1873. S. 15f. W. Spieß, Die Ratsherren der Hansestadt Braunschweig 1231-1671. BW. Bd. 42. Braunschweig 1970. S. 21-23.

51） 1 都市を構成した，都市法の授与された隣接 5 都市を本稿では便宜上「市区」と呼ぶ。Mitteis, op. cit., 137.

以上の「市区」の特色については，H. Dürre, Geschichte der Stadt Braunschweig im Mittelalter. Braunschweig 1861 (1974). S. 154f. Rotz, op. cit., p. 55.

52) O. Fahlbusch, Die Bevölkerungszahl der Stadt Braunschweig im Anfang des 15. Jahrhunderts. HGbll. 18. 1912. S. 256. ラインケは15世紀初頭の人口を23,000人程度と推測している。Reincke, Bevölkerungsprobleme der Hansesätdte., S. 6.

53) Spieß, Die Ratsherren. S. 22-25, 63ff. Rotz, op. cit., pp. 59f, 87-92, 100, 104f.

54) Dürre, op. cit., S. 286-293.

55) H. Germer, Landgebietspolitik der Stadt Braunschweig bis zum Ausgang des 15. Jahrhunderts. Göttingen 1937. S. 15, 64-68. H. Mack, Die Finanzverwaltung der Stadt Braunschweig bis zum Jahre 1374. UdSR. Bd. 32. Breslau 1889. S. 67ff, 109. Rotz, op. cit., 84ff. Dürre, ibid., S. 143f, 148, 150. CS. Bd. 6. Leipzig 1868. S. 135, 302-312.

56) CS. Bd. 6. S. 318.

57) CS. Bd. 6. S. 346.

58) Vgl. G. Bergholz, Die Beckenwerkergilde zu Braunschweig. Braunschweig 1954. S. 20. T. Müller, Schiffahrt und Flösserei im Flussgebiet der Oker. BW. Bd. 39. S. 41. Dürre, op. cit., S. 150. HR. Bd. 2. Leipzig 1872. Nr. 73, 82. W. Spieß, Fernhändlerschicht und Handwerkermasse in Braunschweig bis zur Mitte des 15. Jahrhunderts. HGbll. 63. 1938. S. 74f. R. Barth, Argumentation und Selbstverständnis der Bürgeroposition in städtischen Auseinandersetzungen des Spätmittelalters. Lübeck 1403-1408-Braunschweig 1374-1376 Mainz 1444-1446-Köln 1396-1400. Köln 1976. S. 134f. Rotz, op. cit., pp. 119, 133f.

59) CS. Bd. 6. S. 370. Barth, ibid., S. 131ff, 392f. Rotz, op. cit., pp. 68ff. Spieß, Die Ratsherren. S. 63ff.

60) O. Fahlbusch, Die Finanzverwaltung der Stadt Braunschweig 1374-1425. UdSR. Bd. 116. Breslau 1913. S. 6f.

61) CS. Bd. 6. S. 137, 329. Rotz, op. cit., p. 74.

62) Germer, op. cit., S. 23. Fahlbusch, Die Finanzverwaltung. S. 13. Dürre, op. cit., S. 163.

63) 例えば，市はゲッチンゲン公オットーに1374年の時点で貸付金3,850マルクの担保物件でもあり，主要街道沿いに位置するヴォルフェンヴュッテル Wolfenbüttel 城を無償で譲渡して，市域の治安回復への支援を求めている。CS. Bd. 6. S. 25, 138, 412. Germer, op. cit., S. 23. Dürre, op. cit., S. 162.

64) Dürre, ibid., S. 163f.

65) CS. Bd. 6. S. 370f. H. L. Reimann, Unruhe und Aufruhr im mittelalterlichen Braunschweig. BW. Bd. 28. Braunschweig 1962. S. 58f. Rotz, op. cit., pp. 137f.

66) Rotz, ibid., p. 174.

67) Dürre, op. cit., S. 164-166.

68）　Fahlbusch, Die Finanzverwaltung. S. 113-115.

69）　HUB. Bd. 4. Nr. 609. 皇帝は，ブラウンシュヴァイク公フリードリヒを通じ，蜂起不参加者までをハンザは商業妨害すべきではない旨の通達を行なったが，彼らをもってしてもハンザを動かすことはできなかった。Vgl. Rotz, op. cit., 137. Dürre, op. cit., S. 166.

70）　Fahlbusch, Die Finanzverwaltung. S. 11.

71）　Germer, op. cit., S. 24.

72）　CS. Bd. 6. S. 140. Fahlbusch, Die Finanzverwaltung. S. 103f. 聖霊降臨祭の日に財産税 1 マルクにつき 8 デナリウス，特別財産税 8 シリングが課され，残りは聖マルチン祭の日（11 月 11 日）に徴収された。後半に納められる特別財産税 6 シリングは，住居の他に不動産を所有し，そこから収益を得ている者に限り課税された。

73）　Fahlbusch, ibid., S. 9f, 163f. 市債は市の歳入不足に必要な資金を調達するために市が設定，販売したレンテの一種であり，それは事実上市民等からの借入金であった。なお，永代レンテと満期期限のある定期レンテは相続，譲渡可能なもの，年金は「利率」はよいが，相続，譲渡ができないものである。詳しくは斯波『ハンザ都市とは何か』29-55 頁。

74）　CS. Bd. 6. S. 25. Germer, op. cit., S. 89.

75）　Fahlbusch, Die Finanzverwaltung., S. 171f. CS. Bd. 6. S. 154. 市は，高い「利息」を提供してでも多くの資金を調達せざるをえず，それはまた市の信用を失墜させるとともに市の財政を圧迫したものと思われる。

76）　Fahlbusch, ibid., S. 39f.

77）　Dürre, ibid., S. 167f. HUB. Bd. 4. Nr. 688. HR. Bd. 2. Nr. 216, 217, 219.

78）　CS. Bd. 6. S. 440. Anm. 4. Fahlbusch, Die Finanzverwaltung. S. 104. Dürre, op. cit., S. 170-172. 市の混乱の終息化にはブラウンシュヴァイク公フリードリヒの市への支援が大きな影響を与えたといわれる。

79）　Germer, op. cit., S. 82f, 87.

80）　酒関連の税としては，これ以前にも 1353 年から徴収された旧ビール関税（"alte Bierzoll"）があった。Fahlbusch, Die Finanzverwaltung. S. 39.

81）　Urkundenbuch der Stadt Braunschweig. Bd. 1. S. 150. CS. Bd. 6. S. 343, 401. Anm. 6. Fahlbusch, ibid., S. 30-32.

82）　Dürre, op. cit., S. 173. Reimann, op. cit., S. 79f. W. Spieß, Die Goldschmiede, Gerber und Schuster in Braunschweig. BW. Bd. 22. S. 10-12. K. Czok, Zum Braunschweiger Aufstand 1374-1386. Hansische Studien. Berlin 1960. S. 45. Rotz, op. cit., pp. 155-159. これは，騎士に憧れ，戦闘を好む上層市民に対し，改革による参事会員席の減少に対する不満を抑制しながら 1362 年に拡充された「市民軍」を強化するものであったという。Dürre, ibid., S. 147f.

83） 皇帝カール4世による地方的和平令は，強大化する諸侯権力を利用して，全国を掩おうとする現実的施策であり，王権の弱体なドイツ国制史の特色を示すものの一つであろう。だが，諸侯等は，それを都市の自立を制約，抑制する手段の一つにもちいたのである。1380年に皇帝ヴェンツェル Wenzel によりリューネブルク公アルブレヒト Albrecht を通じて発せられた和平令が，ブラウンシュヴァイクでは騎士との和解に役立ったとも考えられるが，83年に皇帝が都市同盟を解体して和平に寄与すべしと宣言したのに不安を感じた市は，84年に都市間での和平裁判費用の共同負担や各都市の緊急時に提供する兵力等を定めたザクセン都市同盟をヒルデスハイム等8都市との間で締結した。これを背景に，市は和平令を受け入れ，諸侯等にも市の権利を認めさせたのである。HR. Bd. 3. Nr. 158, 178, 184. Dürre, ibid., S. 169-172. 高村，前掲書，33-37頁。かかる状況下でもなお，主要商業路沿いの都市，特にリューネブルクとの和解はならなかったとはいえ Müller, op. cit., S. 42., こうした努力の結果，市の商業事情も好転したと思われるのである。H. Mack, Handelsbeziehungen zwischen Braunschweig und Hamburg im 14. Jahrhundert. Braunschweiger Magazin. 1895. S. 66. Das Handlungsbuch Vickos von Geldersen. Bearb. v. H. Nirrnheim. Hamburg 1895. Nr. 203-206, 491. なお，ドイツ国制史における和平令の意義については，とりあえず，中村賢二郎「14・15世紀の西ヨーロッパ諸国—ドイツ—」『世界歴史』中世5，岩波書店，219-233頁を参照。

84） Fahlbusch, Die Finanzverwaltung. S. 25f, 30f.

85） 会計長も前後の年の市長であった。CS. Bd. 6. S. 141. Spieß, Die Ratsherren. S. 320. Fahlbusch, ibid., S. 26-28.

86） Fahlbusch, ibid., S. 139.

87） Fahlbusch, ibid., S. 19.

88） CS. Bd. 6. S. 176.

89） CS. Bd. 6. S. 178. Fahlbusch, Die Finanzverwaltung. S. 20.

90） デュレによれば，年金が5,835 Bマルク，永代レンテが2,324 Bマルクで，総額8,159 Bマルクあったという。Dürre, op. cit., S. 180. グラフ参照。

91） Fahlbusch, Die Finanzverwaltung. S. 171. CS. Bd. 6. S. 25.

92） Fahlbusch, ibid., S. 152.

93） Fahlbusch, ibid., S. 134.

94） Fahlbusch, ibid., S. 103f. 本章注72）参照。

95） 城，土地以外では，1406年までに市は製粉所に3,000 Bマルク支出している。CS. Bd. 6. S. 178. Fahlbusch, ibid., S. 20f, 177f, 193.

96） Germer, op. cit., S. 40.

97） 斯波『ハンザ都市とは何か』88-108頁参照。

98） G. Fengler, Untersuchungen zu den Einnahmen und Ausgaben der Stadt Greifswald im 14.

und beginnenden 15. Jahrhundert（besonders nach dem Kämmereibuch von 1361-1411）. Greifswald 1936. S. 5, 17.

99）　Fengler, ibid., S. 20-22.

100）　Reincke, Bevölkerungsprobleme der Hansestädte. S. 6. 14. 26. Vgl. D. Kattinger, Die Stadt-entwicklung vom Ende des 13. Jahrhunderts bis 1500. Greifswald. Geschichte der Stadt. Hrsg. v. H. Wernicke. Schwerin 2000. S. 33.

101）　Fengler, op. cit., S. 18. ただし，アムトの規約は 1321 年の桶屋が最初で，他のアムト規約が明らかとなるのは 14 世紀末以降のことである。Die älteren Zunftkunden der Stadt Greifswald. Hrsg. v. O. Krauze / K. Kunze. Pommersche Jahrbuch. Bd. 1. 1900. S. 99-107.

102）　Fengler, op. cit., S. 24.

103）　K. Fritze, Am Wendepunkt der Hanse. Berlin 1967, S. 147.

104）　M. Hamann, Wismar-Rostock-Stralsund-Greifswald zur Hansezeit. Ein Vergleich. Vom Mittel-alter zur Neuzeit. Hrsg v. H. Kretzschmar. Berlin 1956., S. 96.

105）　Reincke, Bevölkerungsprobleme der Hansestädte. S. 5.

106）　Fengler, op. cit., S. 121.

107）　Reincke, Bevölkerungsprobleme der Hansestädte. S. 5f.

108）　J. Hartwig, Lübecker Schoß bis zur Reformationszeit. Leipzig 1903. S. 192f.

109）　シュテクニッツ関税はリューベックとラウエンブルク公との間で折半されていた。Lübeckisches Urkundenbuch. Hrsg. v. Vereine für Lübekische Geschichte und Altertumskunde. Lübeck 1877. Bd. 5. Nr. 295.

110）　R. Hammel, Häusermarkt und wirtschaftliche Wechsellagen in Lübeck von 1284 bis 1700. HGbll. 106. 1988. S. 76-81.

111）　斯波『ハンザ都市とは何か』59-70 頁。

112）　Bing, op. cit., S. 308. 本章注 30）参照。

113）　Raape, op. cit., S. 2.

114）　Reincke, Bevölkerungsprobleme der Hansesätdte., S. 28. 1499 年に財産税は値上げされているが，その税収は 15 世紀後半から 16 世紀にかけて上昇し，さらに，それは 1563 年から 1630 年には 6 倍以上にも増加したのである。Vgl. F. Voigt, Der Haushalt der Stadt Hamburg 1601 bis 1650. Hamburg 1916. S. 47.

115）　Zeiger, op. cit., S. 135-144, 148-151. すでに 20 世紀初頭にポットホフによって同時期のハンブルクの蔵入，蔵出が算出されている。若干数字は異なるが大きな違いはない。Vgl. Potthoff, op. cit., S. 11. Vgl. Voigt, ibid., S. 44f.

116）　Plett, op. cit., S. 247.

117）　本章注 40）参照。

118）　本章注 41）参照。

119）CS. Bd. 6. S. 178. Fahlbusch, Die Finanzverwaltung. S. 20.

120）Dürre, op. cit., S. 180.

121）Fahlbusch, Die Finanzverwaltung. S. 171. CS. Bd. 6. S. 25.

122）Fahlbusch, ibid., S. 152f.

123）Fahlbusch, ibid., S. 125ff. 斯波照雄「中世末期ハンザ都市ブラウンシュヴァイクの財政」『商学論纂』第 54 巻第 6 号，2013 年，438-439 頁。

124）Fahlbusch, ibid., S. 103f.

125）Germer, op. cit., S. 40.

126）Reincke, Bevölkerungsprobleme der Hansestädte. S. 5.

127）Fengler, op. cit., S. 83. Reincke, ibid., S. 5f.

128）小倉欣一「ランデスヘル租税政策と中世都市の自治―ヘッセン方伯居城都市マールブルクにおける「領邦と都市」論」『経済経営論集』東洋大学創立 80 周年記念特集号，経済学部編，1967 年，134-137 頁。F. -W. Henning, Das vorindustrielle Deutschland 800 bis 1800. Paderborn 1974. S. 178. F. -W. ヘニング，柴田英樹訳『ドイツ社会経済史　工業化前のドイツ　800-1800』学文社，1998 年，149 頁。

129）Plett, op. cit., S. 247.

130）神寶秀夫『中・近世ドイツ都市の統治構造と変質―帝国自由都市から領邦都市へ―』創文社，2010 年，186 頁。

131）レンテについては本章注 42），市債については注 73）参照。

132）Plett, op. cit., S. 247.

133）神寶，前掲書，182-183，186，189 頁。しかも，以後 1436 / 37 年には「利息」が歳出に占める割合は 76 パーセントに上昇し，1437 年には 88 パーセントに達したという。

134）Plett, op. cit., S. 79, 247. CS. Bd. 6. S. 178. Fahlbusch, Die Finanzverwaltung., S. 166ff. Dürre, op. cit., S. 314-347. マインツにおいては 1410-11 年の消費税 21 パーセント，関税 11 パーセントで間接税が歳入の 32 パーセントを占めていたといわれるが，14 世紀にブリュージュやルーヴァン Leuven では歳入の 90 パーセントが間接税に依存，バーゼル Basel でも一時 85 パーセントにも達していたという。神寶，前掲書，183 頁。山瀬善一「ヨーロッパにおける中世都市の財政とその制度」『国民経済雑誌』第 115 巻第 4 号，1967 年，99 頁。

135）斯波『ハンザ都市とは何か』157-161 頁。Plett, ibid., S. 51-134, 147.

136）U. Rosseaux, Städte in der Frühen Neuzeit. Darmsstadt 2006. S. 65f.

第2章

15～16世紀における
ハンザ都市の商業振興

問題の所在

　14, 15世紀がハンザの最盛期なのか[1]，それとも外交・商業的成果により
ハンザが繁栄しつつも，最大限獲得した対外特権の保守に転じた時期であり，
ハンザ都市内部の構造的矛盾が顕在化しはじめており，15世紀はハンザの危
機がせまりつつあった世紀時期なのか[2]，ハンザの受動態性が開始する停滞期
と評すべきか[3]，前章において主に財政の側面から検討を試みた。ところが，
近年では，例えばジェンクスが政治史的に見れば15世紀後半はハンザの衰退
期にあたるにしても，商業動向から見るならばなお以後しばらくは繁栄期に
あったと評価するなど[4]，16世紀においてすらハンザ商業は高い水準にあり，
ハンザ都市の大部分，特に大港湾都市の経済的繁栄は最高頂にあったとして，
この時期をハンザの衰退期とする説の再検討さえ述べられているのである[5]。
だが，従来述べられてきたように，オランダ，イギリスの台頭や大型船の登場
や航海技術の向上による商業体系の変化によって，商業という側面から見ても
各都市が共同して拠点としての商館において商業特権を享受するという貿易形
態は機能低下し，16世紀には終焉を迎えつつあったのは事実であった[6]。
　このように，オランダ，イギリスのハンザ商業圏への進出に加え，北欧の混
乱，商館貿易の衰退という政治経済環境の悪化の中で，ジェンクスが述べるよ
うにハンザ商業が高い水準を維持できたとすれば，それはどのように実現でき

たのか。本章においては，まず，ハンザ圏の政治経済事情を概観した上で，ハンザを構成するハンザ都市とりわけヴェント諸都市がどのように対応し，その商業を維持したのかについて検討してみたい。

1. 15～16 世紀のハンザ都市の政治経済環境

　北欧においては，15 世紀の前半は第二次デンマーク戦争，さらにズント海峡の通行税の徴収，ハンザとの戦いがあり，以後も北欧三国間は対立し，王権と貴族との対立など混乱状態が続いた。バルト海東部でもプロイセンの紛争により混沌としていたし，デンマーク，スウェーデン戦争ではハンザ都市間でも対応が異なり，その混乱に巻き込まれていったのである。そうした社会的混乱は，前章で取り上げた都市の中では，バルト海商業が重要であったと思われるポメルンの領邦都市グライフスヴァルトで特に深刻であったと推察される。さらに，イギリスのハンザ圏進出もハンザにとっては深刻な問題となっていくのである[7]。

　1459 年にシャウエンブルク Schauenburg 家が断絶したことによりその所領シュレスヴィヒ・ホルシュタイン Schleswig・Holstein は，その姻戚にあたるデンマーク王が継承した。その結果，シュレスヴィヒ・ホルシュタインの領邦都市ハンブルクはデンマーク王下におかれ，ハンザの中心領域に直接デンマークの支配がおよぶことになったのである。そうした中で，当初，デンマーク王はハンザ都市に自由で寛大な対応をしたが，やがてオランダと接近してハンザと対立したり，シュレスヴィヒ・ホルシュタインやスウェーデンの政治的混乱とともにハンザと接近するなど政治的には不安定な状況であった[8]。その後継国王もハンザ敵視政策をとったため，1509 年にはついにヴェント諸都市を中心にハンザはデンマークとの戦争に至った。1510 年にハンブルクは帝国都市となり，デンマークはそれを認めなかったものの，一応デンマークの支配下から逃れることができた。1511 年の和議で，ハンザは 30,000 グルデン Gulden の和解金の支払いと引き換えに特権を保障されたものの，1513 年に即位した続

くデンマーク王クリスチャン Christian 2 世もまた，ハンザの諸特権を認めつつ
もオランダにも諸権利を認めるなど，結局はハンザ敵視政策を展開したので
あった。1522 年，ハンザはグスタフ・ヴァーサ Gustav Wasa，シュレスヴィ
ヒ・ホルシュタイン伯フリードリヒ Friedrich やユトラント Jütland 貴族ととも
に王権の強化をはかるデンマーク王と戦い，翌年には勝利し，グスタフ・
ヴァーサはスウェーデン王に，フリードリヒはデンマーク王になった。この結
果，両国における商業はハンザの手に握られるはずであったが，ヴァーサはオ
ランダに商業上の特権を与える等ハンザ抑圧政策に転じ，フリードリヒも優遇
政策はとらず，北欧におけるハンザの力は後退した[9]。

　ブルグント領のフランドルではアントワープの台頭とともにブリュージュの
地位が低下し，ブルグント公によるハンザ特権の侵害問題からブリュージュ商
館は 1453 年にユトレヒト Utrecht に移転せざるをえなかった。その際，ケル
ンやドイツ騎士団はリューベックが主導する移転策に反対するなどハンザ内部
の不統一を露呈する結果となった。結局，公の中央集権と裁判権を認めること
によってハンザは全商業特権を確保し，1457 年に商館はブリュージュに復活
したが，すでにこの頃にはオランダが北海，バルト海貿易の中枢を担うように
なっていたのであった[10]。結局，15 世紀末にはオランダ船が北海バルト海貿
易の中核を担うことになった[11]。

　イギリスのハンザ圏進出と海賊を利用した商業妨害もハンザにとっては深刻
な問題であった。結局，1474 年の条約で，ハンザの商業特権が保障されると
ともに，イギリスの主張する交易の相互主義も認められた。以後，イギリス国
王は絶対王政の確立を目指して自国の産業育成のため巧妙にハンザ商業の独占
を抑制した。ハンザ内の足並みの乱れもあり小紛争が多発する中，イギリス優
位のまま 1520 年に協定が結ばれた。その際ハンザの商業特権の保証とイギリ
スとの交易相互主義が貫徹されたが，あらたにイギリス商人にハンザ都市の後
背地への交易が認められた[12]。

　商館貿易も，1494 年に閉鎖されたノヴゴロド商館は 1514 年に再開はした
ものの，旧来のハンザ商館の機能は果たしてはいなかった。ブリュージュの商

館も次第にアントワープにとって代わられ，1530年代には事実上消滅に至っている。すなわち，ハンザ各都市の商人達が商館に集まり，商業特権を享受した商館貿易から，各都市の個別対応による商業形態に変化したのであった。また，イギリス・フランドルからノヴゴロドに至る北海，バルト海の東西貿易の主要幹線ルートの主流は，ハンブルク・リューベック経由の内陸輸送からユトラント半島を迂回するズント海峡ルートへと移った。航行上の難所が多いものの，航行技術の向上により安全航行が可能になったのである。その結果，船舶の大型化ともあいまって，北海，バルト海間の長距離の無寄港航行が可能となり，1540年代には海峡ルートの支配者はオランダに代わったのであった[13]。

　そうした中で各都市内では宗教改革運動による宗教的のみならず政治経済的混乱が生じた。ハンザの領域でも新教，特にルター派が広まったハンザ都市や東方地域に対しケルンを中心とする地域の都市群は旧教にとどまるなどハンザは宗教的にも分裂したのであった。都市間でも対オランダ紛争ではハンブルクが中立的立場をとってリューベックに離反するなど，ハンザの中核的都市間の対立も顕在化したのであった[14]。

　このようにハンザ都市の結束が崩れる中，中央集権国家オランダ，イギリスやそれを背後に有する商人達の攻勢が強まったにもかかわらず，ハンザ都市やハンザ商人はなお経済力を維持したのである。確かに，16世紀末のオランダ船は約240,000トン，それに対し，ハンザ船は約90,000トン（そのうちハンブルク，リューベック所有が1/3）であった。しかし，16世紀末のハンザ船舶輸送力は15世紀末の1.5倍に成長していたのである。各都市では市経済の悪化も推測されるが，悪いなりに商業貿易力は維持されていたのである[15]。

　1558年にはネーデルラントではハンザにとって重要な交易港が封鎖され，1562年にはデンマークにハンブルクの船舶が拿捕されるなど，デンマーク周辺海域での貿易事情は改善されなかった。さらに1563年にはデンマークとスウェーデン，ハンザ都市などとの北方七年戦争が勃発した。デンマークは戦費を調達するためズント海峡の通行税を引き上げ，ついにはオランダがスウェーデンに塩を供給したことを理由にズント海峡を封鎖した。1565年に海峡は開

放されたものの 67 年には積み荷への課税が開始されたのであった[16]。

2. 塩 貿 易

　北海，バルト海沿岸地域の北の商業圏において冬季の気候は厳しく，漁業や貿易などの海上での行動が難しく，食料をはじめ物資の調達は困難であった。したがって，この地域で生きていくためには冬に至るまでの間に最低限の食料の確保は必要不可欠なことであった。食料保存の方法は魚であれば干物にする，肉であれば腸詰にしたり，燻製にしたりと，いくつかの方法がとられていた。その一つが塩漬けにすることであり，それ故に塩は生活上，また特に魚類の保存上欠かせないものであり，塩は重要な商品でもあった。その塩の供給は15 世紀から 17 世紀にかけて変化していったが，それは北海・バルト海商業圏，すなわち近世におけるハンザ商業圏の経済構造の変化とも密接に結びついたものでもあったと思われる。

　これまでにも，中近世の北海・バルト海における塩の貿易に関しては，ハンザ史ならびにこの沿岸地域についての文献で扱われている[17]。また，ヨーロッパの塩をテーマとする文献でも北の商業圏における塩は取り上げられているが[18]，いずれも，リューネブルク塩やフランスの西海岸ブールヌフ Bourgneuf 湾からもたらされるベイ塩について，限定された時期や地域あるいは多様な貿易品の一つとして取り上げられ，概論が述べられるにすぎなかった。中近世と長期にわたる塩の生産地の変化や広域のバルト海域における塩貿易の変遷や意義などについては，必ずしも明らかにされているとはいえない。我が国においても，山瀬氏による人口増加に対応した食料確保の観点から，特に塩漬けによる食料保存との関係で捉えた塩についての研究がある。しかし，山瀬氏の指摘のように，塩は生存と生活に密接にかかわるが故に特に記録に残す必要もなく，したがって史料は少なく散在的にしか存在しないため，研究も進展していないといえよう[19]。

　そこで本章では，まず，ハンザの最盛期といわれる中世からハンザが停滞そ

して衰退，事実上の消滅を経て近代に至る時期について，主にバルト海沿岸地域の政治経済動向について概観する。その上で，中世から近世にかけてのバルト海地域の都市や農村の居住者にとって生活上，食料保存上必要なことはもちろん鞣革生産にも必要な塩の主要生産地の変遷と，それに関連する貿易や主要な貿易国，都市の動向について明らかにし，世界貿易との関連で塩貿易の特徴を捉えるとともに，それがハンザ都市はじめバルト海沿岸都市に与えた影響について検討してみたい[20]。

13世紀には人口増加に対応して耕作可能地の限界にまで開墾が進み，気候の厳しい本来であれば耕作に適さない地までの開墾を余儀なくさせ，それは気候次第では食料不足を引き起こすこととなった。それに対応して安定した食料供給のためには食料保存が必要となり，特に魚類については塩による保存が普及した。こうした食料保存技術の向上は，単に地域の食料不足に対応しただけでなく，食料の商品としての輸出の拡大にもつながったと考えられる[21]。

14世紀バルト海地域では，食料保存上重要であり常に高い需要をもつ塩はハンザ都市の領袖リューベックによってもたらされるリューネブルク塩に独占されてきた[22]。市外産品の遠隔地貿易によって多くの利益を得てきたリューベックであったが，すでに1205年には500,000ツェントナー Zentner 弱（1ツェントナーは50キログラム），1350年には600,000ツェントナーのリューネブルク塩を市経由でバルト海地域に輸出していたという[23]。14世紀後半のリューベックからの輸出商品への課税額から見れば，塩は第一位であり，輸出入から見てもフランドル産毛織物，魚についで第三位の税収額であり，塩と塩漬け魚類で全税収の約1/4を占めていたのである。特に14世紀末にはリューネブルク近郊のエルベ河からリューベックまでシュテクニッツ運河が建設され，リューネブルクで生産された塩はイルメナウ Illmenau 河を下りラウエンブルクへとリューネブルクの船舶組合 Eichen によって運ばれ，主に運河経由でリューベックへ，一部はエルベ河経由でハンブルクへと輸送された[24]。リューベックの有力商人が生産，輸送，輸出等全般にわたり関与していた良質のリューネブルク塩は，例えば1368年から1369年にかけてのリューベックの主要輸出品

総額 210,000 マルクのうち 62,000 マルクにものぼり，実に約 1/3 をリューネブルク塩が占めていたのである[25]。

　1400 年頃にはリューベック船だけで 1,400 ラスト Last（1 ラストは 2 トン）のリューネブルク塩がスコーネンにもたらされたことが知られている。スコーネンは，この頃まで 200 年にわたってリューベック商人中心の東西貿易の中継点であると同時に塩漬け鰊の市場であり，塩はそのために必要なものであった[26]。この頃には毎年 10,000 人の漁師によって鰊漁が行なわれ，20,000 人にのぼる労働者によって最盛期には 100,000 樽，25,000 トンの鰊が出荷され，それには 5,000 トンの塩が使用されたという[27]。

　特にバルト海地域において塩貿易を独占していたリューベックであったが，15 世紀にバルト海の塩貿易に進出したオランダ，イギリス商人はフランス西部のブールヌフ湾からベイ塩をもたらした。すると，ベイ塩の流入に対するリューネブルクの反発にもかかわらず，リューベック商人はベイ塩貿易にも大きく「投資」，参入していったのである。ハンザ商人のしたたかな商業戦略といえるであろう。リューネブルク塩に比べ天日塩のベイ塩は安価であり，広範な地域で家庭用などとして需要が見込まれたためであろう。1400 年頃のドイツ騎士団領での塩の価格で比較すると，リューネブルク塩 1 ラストが 12.5 プロイセンマルク Preußen Mark であるのに対し，西方からの塩は 8 プロイセンマルクと約 2/3 の価格であった。同量のヴィスマールビールが 7.5 プロイセンマルクであったことを考えるとリューネブルク塩が高価であったことがわかる[28]。それは，複雑な製塩の権利所有者への支払いや，地下深くまで掘り下げた井戸から塩水をくみ上げ，大量の燃料を消費して煮詰めて作るなど多額の費用を要したからであった[29]。リューベック商人がベイ塩貿易に参入していったのは，リューネブルク塩だけでは需要に対応できなかったことにもよると思われるが，東からの物資は穀物や鉱石，木材等嵩高商品が多かったのに対し[30]，西から東への物資は毛織物等が中心で嵩高の商品が少なかったことにもよるとも考えられている。すなわち，北海，バルト海において大規模で効率的な遠隔地間貿易を営む商人は，中世以来利益を得られさえすれば何でも商ってきたの

であった。しかも、特筆すべきは、リューベック商人であっても必ずしもリューベックを経由せず、ベイ塩は海峡経由で目的都市に輸送されたと思われることである。

　しかし、リューネブルク塩が純白であったのに対し、ベイ塩は白色でなく明らかに不純物が含まれたものであることは一目瞭然であったという。高価ではあるが不純物の少ない良質のリューネブルク塩は生臭い魚の保存に適していたといわれている。品質は劣るものの輸送費を加えても安価なベイ塩は肉の保存等に適するなど価格や用途の相違と、なお大きい塩需要とが並存を可能にしたのであろう[31]。ベイ塩貿易は、フランス西部からズント海峡を経由してバルト海地域に至る当時としては遠大な遠隔地貿易であり、大型の船舶が必要であった。しかも、ベイ塩輸送は数十隻の船団を組んで行なわれたのである。すなわち、こうした遠隔地物産を取り扱う商人は、船舶自体が高価であり、商取引も多額であったので、その資金は共同で持ち寄る持分「出資」であったとはいえ——持分「出資」にはポートフォリオすなわち危険分散の意味もあった。例えば一人で船を所有した場合、その船が難破した時には一度で多額の財産を失うことになるが、数隻の船の権利を分散してもてば財産を一挙に失うことを防止できたのである——、おそらくは大きな先行「投資」が可能な大商人であったであろう。例えば、リューベックの大商人ヒルデブラント・フェッキンフーゼン Hildebrand Veckinchusen の 1420 年の貿易記録にはフランスからの塩輸入の記録が残されている[32]。

　ベイ塩はバルト海沿岸地域での占有率を上げ、逆にリューネブルク塩は低下していった。スウェーデンでは 1375 年以降リューネブルク塩の輸入量は減少し、代ってブールヌフ湾からダンツィヒ経由でもたらされる塩が増加した[33]。というのも、もともとリューネブルク塩が求められたのは 14 世紀までスウェーデンの南のスコーネン地方で大量の鰊が獲れ、それを保存する上では対岸のリューベックからもたらされるリューネブルク塩が最適のものであったからであったと思われる。漁場が北海側に移ったためその需要は減少し、生活用の塩や鞣革生産用の塩としてはズント海峡を経由してオランダのもたらす安価なベ

イ塩の方が好まれた結果でもあろう。

　確かに，14 世紀末にリューネブルク近郊のラウエンブルクからリューベックまで開通したシュテクニッツ運河を経由した塩の輸送量は，関税収入から見る限り 15 世紀末まで増減を繰り返しつつも大きく低下していない（グラフ 1-5 参照）。すなわち，リューベック経由のリューネブルク塩輸出は大きく減少してはいないように思われる。それは，ポンド税台帳から見る限り 15 世紀末においてもリューベックの近隣のバルト海沿岸に位置するヴェント諸都市のヴィスマール Wismar，ロストク Rostock，シュトラールズントの塩の全輸入額に占める割合が減少していないことからも推測できるのである（表 2-1 参照）。ポンド税は戦費調達のための税であり，戦時という通常の交易事情とは異なると考えられるし，ポンド税は他都市で徴税された物品には課税されないため，この数字が各都市の輸入全体のどれほどを捕捉しているのかは明らかでない。しか

表 2-1　リューベックからのヴィスマール，ロストク，シュトラールズントの塩輸入額と各都市の総輸入額ならびにその割合

（L はリューネブルク，単位：m. ＝リューベックマルク）

都市 ＼ 年		1492	1493	1494	1495
ヴィスマール	L 塩	791m.	162	162	144
	全体	2,096	800	478	366
	割合	38%	20%	34%	39%
ロストク	L 塩	2,145	54	198	144
	全体	5,375	953	420	849
	割合	40%	6%	47%	17%
シュトラールズント	L 塩	2,865	450	0	594
	全体	6,375	2,889	1,278	1,198
	割合	45%	16%	0%	50%
3 都市合計	L 塩	5801	666	360	882
	全体	13,819	4,642	2,176	2,413
	割合	42%	14%	17%	37%

（出典）　谷澤毅『北欧商業史の研究―世界経済の形成とハンザ商業』知泉書館，2011 年，284-286 頁。Die Lübecker Pfundzollbücher 1492-1496. Quellen und Darstellungen zur hansischen Geschichte. Neue Folge. Bd. 41. Teil 1-4. Bearb v. H. -J. Vogtherr. Köln 1996.

し，1493 年のロストク，94 年のシュトラールズントを除けば貿易額の 16 パーセント以上を占め，92 年の 3 都市，94 年のヴィスマール，ロストク，95 年のヴィスマール，シュトラールズントでは極めて高い貿易額割合を示している。1494 年を除けば塩は 3 都市の貿易額の 30 パーセント以上であり，92 年では 42 パーセントにも達しており，全般的に塩の需要が高く，なおリューベックからもたらされる塩が重要であったことが推測できる[34]。

　しかし，それら 3 都市よりも東方に位置し，リューベックからは遠方のレーヴァル Reval では 1427 年から 33 年におけるリューネブルク塩の占有率は 25 パーセント以下に，ダンツィヒでは 1468 年から 76 年に 17 パーセント以下にまで低下するなど，リューネブルク塩の輸入量割合は急激に低下し，ベイ塩の割合が増加していたのである。このうちダンツィヒでは 1510 年には塩は全輸入額の 12.6 パーセント，33,000 マルクにおよび，そのうち 20,000 マルクの塩が再輸出されていたと推定されている。この時リューベックからの塩は額にして 7.3 パーセントを占めるにすぎず，主にオランダ商人がもたらした塩漬けと思われる鰊は 23 パーセント，60,000 マルクにもおよんだという[35]。

　当初ベイ塩の流入が増加してもリューネブルク塩の生産，輸出量が減少しなかったのは，バルト海地域の人口増加等による需要の増大があったことにもよるであろうし，前述のように魚の塩漬けには天日塩よりも適していたことにもよると思われる。しかも鰊は腐りやすくその漁期の，収穫後 24 時間以内に塩処理をしなければならなかったといわれ，短時間に大量の塩を必要としたため，供給は複数の地域から行なわれなければならなかったのであろう[36]。

　こうした大量のベイ塩がバルト海地域にもたらされるようになったのは，航海の難所であったズント海峡も航海技術の向上などによって障害が克服されたからであった。ベイ塩の大型船によるバルト海沿岸地域への供給の活発化は，東西貿易の主要経路をユトラント半島の付根に位置するハンブルク・リューベックを経由する貿易路から海峡経由へと比重を移行させていった。それは，ユトラント半島とスカンディナヴィア半島との間に挟まれ，大小の島が点在するズント海峡によって大洋につながる北海との間の船舶航行に制約を受け，い

わば「内海」内での商業活動であったバルト海貿易が，北海，バルト海商業圏という一つの商業圏に組み込まれていったことを示しているともいえよう。ここに真の意味で南の地中海商業圏に対し，北の北海，バルト海商業圏が成立したのである。それは，すでにバルト海地域に進出を始めていたオランダ，イギリス商人が大々的に直接取引を開始したことにより，バルト海地域の人々が生活上，食料保存上不可欠な塩をはじめ多くの物資をハンザ商人だけに依存する必要がなくなったことも意味し，だからこそ前述のようにノヴゴロドなどでハンザへの造反が生じたのである。いわば西方からの大量の塩の輸入はハンザへの従属からの解放の原点となったのである。以後ハンザの独占的な商業が打破され，バルト海地域の人々はハンザへの従属から解放されていったが，その一端をハンザの領袖都市リューベックの大商人層が担ったのは皮肉なことであった。換言すればこうした状況下で，各ハンザ都市は遠隔地商業の持続をはかりながら，立地する地域事情等に応じて各都市を中心とした経済圏の設定等によって市経済の維持，強化を目指さざるをえなくなっていったと考えられるのである[37]。

　15 世紀頃から，食料不足が生じていた南欧に対しバルト海地方の穀物が積載された船舶が航行し，帰りの東方への船には塩が積載された。スウェーデンには，オランダ商人を中心にポルトガルやフランス西海岸からの天日塩が多くもたらされた。これに対し 16 紀初頭以降にもなお，シュテクニッツ運河では 12,000 トンの塩が輸送されていたといわれているが[38]，次第にシュテクニッツ運河の関税収入は減少していく。すなわち，リューネブルク塩輸出そのものが低下し始めたのである。前述のように，スコーネンでは鰊の塩漬けのため大量の塩需要があったと推測されるが，1420 年代にはオランダがもたらす塩漬け鰊が流入するようになり，他方 16 世紀半ばにはバルト海から鰊漁の漁場がノルウェー沿岸に移り，スコーネンでの塩需要そのものが減少したのであった[39]。しかし，16 世紀にハンブルク商人によってベルゲンにもたらされた商品の中には，量は多くはないがリューネブルク塩が含まれていた。フランスか

らはスコーネンよりも距離が短く輸送しやすいはずのベルゲンにおいてすら，以後も継続してハンブルク商人によって高価なリューネブルク塩がもたらされたのはリューネブルク塩が鰊保存に最適と考えられていたからであろう[40]。

表2-2のように16世紀から17世紀中頃にはオランダ商人の手によってフランス産など西方の塩がバルト海にもたらされ，特に17世紀前半には全体の3/4以上を維持し，多い年には91パーセントにも達したのである。そしてオランダ商人によって鰊もまたスカンディナヴィアで販売されていたという[41]。表2-3のように15世紀末から16世紀中頃に至るズント海峡の通航船舶数はオランダが圧倒的に多く，イギリスも16世紀末に向けて増加しているが，はるかにオランダにおよばず，塩の産地であるにもかかわらずフランスの船は極めて少数であった。表2-4のように全商品の輸送におけるオランダ船の割合も高く，塩輸送におけるオランダ船の割合も高かったのである。当時アムステルダム Amsterdam では塩は他の商品とともに倉庫に蓄えられ，年中販売されたといい，需要に対応して速やかに各地に供給できる体勢が整っていたこともその一因となったのであろう。表2-5はスペイン，フランス，リューネブルクからリーガ Riga に輸送された塩の量が明らかになる年のデータである。17世紀第3四半世紀にはフランス西部からの塩が多かったが，以後17世紀末に向けて質は劣るもののさらに安価なスペイン産が増加し，比率でもフランス産を上回っていく[42]。こうした安価な塩がハンザ地域で多く使用されたが，17世紀以降18世紀にかけても量は少ないもののリーガの輸入量から見る限りリューネブルク塩の生産，輸出は終焉しなかった。それはリーガが特別なのではなく，表2-6のようにリューベックによってレーヴァルにもたらされたリューネブルク塩の量も17世紀中頃から末に向けて減少傾向にあるものの，なお継続して供給されたのである[43]。人口増加等による需要の拡大と高品質の塩の需要がリューネブルク塩の生産，輸出を支え，それに対応して20世紀に至るまでその生産は続けられたのであった[44]。

17世紀後半から18世紀末に至る塩の輸送量を船籍の国別，都市別にみると，表2-7のようにオランダは1672年から78年のオランダ侵略戦争の時期

表 2 - 2　ズント海峡におけるバルト海への塩の年輸送量

（単位：ラスト）

年	1562	1580	1590	1600	1610	1620	1629	1640	1649	1656
全体	40,553	24,043	33,330	38,137	23,008	27,263	31,420	25,852	26,217	25,401
オランダ	19,853	17,533	17,493	22,796	18,769	25,006	25,926	20,431	22,279	20,522
オランダの割合	49%	73%	52%	60%	82%	91%	82%	79%	85%	81%

（出典）　Tabeller over Skibsfart og Varetransport gennem Øresund 1497-1660. Anden Del: Tabller over Varetransporten A. Udgivet ved N. E. Bang. København 1922. pp. 2, 76, 134, 196, 260, 324, 388, 460, 536, 598. より作成。

表 2 - 3　ズント海峡における主要国，都市通行船舶数

（単位：隻）

年	1497	1528	1540	1547	1560	1569	1579	1589	1599	1609
オランダ	455	520	756	917	1,043	616	1,526	2,389	2,170	2,280
イギリス	21	97	127	47	70	244	281	302	256	335
リューベック	4	27	19	51	138	77	181	177	143	105
ハンブルク	16	16	137	162	262	194	4	125	93	44
ダンツィヒ	113	130	56	234	253	87	70	99	86	31

1619	1629	1640	1650	1657
2,771	1,257	1,238	2,095	1,001
223	201	387	134	89
76	115	182	132	119
52	49	—	50	7
9	—	88	49	11

（注）　イギリス船はイングランド船とスコットランド船の合計。

（出典）　Tabeller over Skibsfart og Varetransport gennem Øresund 1497-1660. Førster Del. Tabeller over Skibsfarten. Udgivet ved N. E. Bang. København 1906. pp. 2-22, 26f, 58f, 82f, 122f, 162f, 202f, 242f, 282f, 318f, 358f, 386f. より作成。

表 2 - 4　ズント海峡における通過商品のオランダ取扱量の割合

年	1557-69	1574-80	1581-90	1591-1600	1601-10
オランダ船	66.1%	48.5%	52.8%	58.2%	60.3%

（出典）　高村象平『ドイツ・ハンザの研究』日本評論新社，1959 年，209 頁。

表2-5　17世紀後半のリーガの塩輸入量

（単位：ラスト）

年	1651	1652	1653	1656	1657	1658	1659	1660	1671
スペイン塩	171	1,125	1,239	37	192	88	232	640	504
フランス塩	13,313	3,081	5,204	5,400	727	2,677	1,497	5,879	5,291
リューネブルク塩	29	37	41	17	23	23	30	11	18

	1672	1674	1675	1684	1686	1690	1693	1694	1696
	1,259	1,475	729	714	639	1,565	1,484	1,893	2,284
	2,349	3,075	6,258	4,484	7,200	1,198	1,381	2,901	2,042
	16	10	8	25	29	24	40	51	79

	1698	1703	1704	1705	1713	1716
	3,242	2,866	5,128	1,107	949	1,395
	3,580	736	811	327	618	1,469
	1	14	14	26	10	5

（注）　スペイン塩，フランス塩，リューネブルク塩それぞれの輸入量の明らかでない年，
消費税台帳 Akzisebuch と数量の異なる年は除外して記載。

（出典）　E. Dunsdorfs, Der Auszenhandel Rigas im 17. Jahrhundert. Coventus primus historicorum
Balticorum Rigae 1937. Riga 1938. S. 469f.

表2-6　17世紀後半のレーヴァルのリューネブルク塩輸入量

（単位：トン）

年	1651	1653	1661	1671	1680	1697
リューネブルク塩	53	48	94	60	45	37

（出典）　A. Soom, Der Handel Revals im Siebzehnten Jahrhundert. Wiesbaden 1969. S. 34-36. よ
り作成。

に取扱量を減少させるなど各期に多少の変動はあるものの取扱量に大きな変化
はない。しかし，塩の総輸送量が増加した結果，1751年以降その割合は40
パーセント以下となり，1771年からの10年では約32パーセントにまで落ち
込んだ。スウェーデンの塩貿易は17世紀後半から18世紀初頭に向け増加し
たが，おそらくは北方戦争と関連して北欧地域の安全が維持されなかったと思
われる1708年から19年までズント海峡を通過するスウェーデン船の塩取扱
記録はほとんどない。1720年に76ラストの塩が輸入されてから貿易は復活

表 2 - 7　バルト海への塩の主要国，都市輸送船籍別年平均取扱量

（単位：ラスト）

年	1661-70	1671-80	1681-90	1691-1700	1701-10	1711-20
オランダ	14,902	12,025	18,521	9,406	11,004	13,241
イギリス[注]	370	8,411	2,787	1,064	652	5,153
スウェーデン	196	721	100	1,716	171	76
リューベック	1,485	1,765	974	596	633	1,106
ハンブルク	438	742	209	113	151	107
ダンツィヒ	337	1,223	849	1,837	1,453	2,569
全体	18,954	25,750	24,936	21,285	18,632	22,981

	1721-30	1731-40	1741-50	1751-60	1761-70	1771-80
	11,961	11,839	15,405	13,447	15,179	12,204
	4,454	3,483	1,111	1,735	1,739	4,204
	3,626	5,926	8,589	8,313	9,581	9,828
	1,306	681	1,555	645	217	280
	280	77	76	78	41	64
	2,362	1,929	3,824	4,572	4,561	2,895
	26,246	26,635	35,290	33,886	38,153	37,991

（注）　イギリスはイングランドとスコットランドの合計額。ただし，1661-80，1733，
　　　1735-37，39 年はイングランドのみ。

（出典）　Tabeller over Skibsfart og Varetransport gennem Øresund 1661-1783. Udgivet ved N. E. Bang/
　　　K. Korst, Anden Del: Tabeller over Varetransporten. Førster Halvbind: 1661-1720. København
　　　1939. Andet Halvbind Ⅰ: 1721-1760. København 1945. Ⅱ: 1761-1783. København 1953. よ
　　　り作成。

し，以後順調かつ急激に増加しオランダに迫る取扱量になった。1740 年代以
降は 8,000 ラスト以上の取扱量が維持され，塩の総輸送量でも 20 パーセント
以上を占め，1760 年代には 25 パーセントを占めるに至った。1769 〜 71 年
にはスウェーデンの塩輸入額は全輸入額の年平均で 5.4 パーセントに達し
た[45]。それに対し，17 世紀中頃には一時 1,500 ラストを超える輸送量となっ
ていたリューベックは，1671 年から 80 年頃には 1,800 ラスト弱を輸送してい
た。しかし，それ以降急減し，18 世紀の前半の輸送量は約 1/3 となった。ハ
ンブルクの塩輸送量はもともと多くはなかったが，17 世紀後半から 18 世紀初

頭まで減少を続け，1710年代には4年にわたり記録がなくなった。1720年代に一旦回復するものの30年代以後通行税台帳に取扱記録のない年が散見されるようになり，それは60年代には7年間にわたり記録がなくなる等全体として少ない輸送量で推移した[46]。一方，ダンツィヒは17世紀後半に輸送量を増加させ，以後増減を繰り返すものの18世紀中頃には増加し，イギリスの2〜4倍の輸送を行なっている[47]。おそらくはヴァイクセル Weichsel 河流域の後背地における穀物増産とその西方への輸出増加を支えた人口増加や北欧，ロシア等による需要の増加と関連するのであろう。

　北海からバルト海への海路の塩の全輸送量は16世紀後半から17世紀初頭にかけて増加し，17世紀を通じてほぼ20,000ラストを維持した。18世紀初頭に一時減少したものの中頃には35,000ラストに達し，16世紀中頃の輸送量を超えた。しかし，植民地物産のズント海峡通過量は18世紀初頭から中頃にかけて約3倍に増加し，さらに60年代にはその約2倍に増加し，植民地物産が異様に高い数値を示す1771年を除外しても，70年代にはさらに中頃の3倍に増加しており，塩の取扱量が商品全体に占める割合は，減少したと考えられる（表2-8参照）[48]。このように，バルト海地域における塩の貿易量は増加したが，船舶の大型化など16世紀には多様な貿易品が大量に輸出入されるようになり，全体の貿易量が増加する中で特に高利益の得られる植民地物産の流入は激しく増加し，バルト海貿易は主流であった生活に必要な物資の貿易から植民地物産貿易へと移行し，塩は主要貿易品から副次的な貿易品へと転換して

表2-8　バルト海への植民地物産のズント海峡年平均通過量

（単位：千ポンド）

年	1661-70	1671-80	1681-90	1691-1700	1701-10	1711-20
植民地物産	1,819	2,796	3,626	3,665	3,053	4,337

	1721-30	1731-40	1741-50	1751-60	1761-70	1772-81
	7,553	8,556	10,296	12,844	21,819	31,808

　（注）　植民地物産量が突出して高い数値を示す1771年を除外して作表。
　（出典）　表2-7と同じ。

いったと考えられるのである。

　リューベック商人によってもたらされたリューネブルク塩は，16 世紀初頭に至るまで生産量を維持してはいたが，15 世紀以降フランス西部よりオランダ，イギリス商人によってもたらされるベイ塩の流入によってその占有率を低下させた。それは，15 世紀中頃からハンザの領袖都市リューベックから離れたバルト海の東方に位置する都市から進行していったと思われる。それは，塩だけでなく，あらゆる商品のハンザ商人による独占的貿易体制が後退，敗退していくことを意味するとともに，バルト海内の貿易が大きな商業圏へ，そして世界貿易に組み込まれていく原点でもあった。すなわち，15 世紀以降北海，バルト海が一つの商業圏を形成し，大洋貿易と結びついてそこに点在するハンザ都市もまた世界貿易の中に組み込まれていく道筋を先導したのが塩貿易ともいえるのである。それはバルト海地域に生活する人々から見れば，生活に必要な物資の確保のために従属せざるをえなかった都市リューベックを中心としたハンザ商業の独占からの解放でもあった。また，遠隔地商業を経済基盤とするハンザ都市ではあったが，オランダ等諸外国の進出は各都市の経済基盤を揺るがせ，多くのハンザ都市は個別の都市圏内の経済を充実させることによって都市経済の維持をはからざるをえなかったとも思われるのである。こうして個別都市の自立的で閉鎖的な経済圏が形成されていく過程でハンザの結束は急速に弱体化していったのである[49]。

　近世以降，貿易は全般的に強力な国家権力の後援の下で展開し，しかも主流の交易品は 18 世紀には利益率の高い植民地物産へと移行していった。そうした状況下で世界貿易において覇権を争うイギリス，フランスではあったが，バルト海商業圏におけるオランダの優位は変わらず，塩貿易においてもイギリス，フランスの塩の扱い量は少なかった。近世バルト海においてリューネブルク塩は次第に貿易量を減少させ，西方からの塩が大半を占めるに至った。その西方では生産地はフランス産からさらにスペイン産も加わり，質は劣るもののフランス塩よりもさらに安価なスペイン塩の比重が増していく。こうした状況

の変化の背景には，良質，高価な塩の需要がある一方で，より安価な塩の需要も高まるという多様な地域ニーズに対応した塩貿易の展開があったともいえよう。そうした中にあって，オランダによる塩貿易は最西端のポルトガル，スペインから東方ロシアのバルト海沿岸地域まで北ヨーロッパを横断する東西交易として他の商品貿易をも巻き込んで独自の展開をしていたと考えられるのである。

3. ビール醸造業とビール貿易

　中近世ハンザ都市では，その経済基盤を遠隔地貿易におき，都市内に有力な手工業種をもたず，特産物の生産は盛んとはいえなかった。その中で例外的であったのが，ビール醸造業といえるであろう。水がそのまま飲めない，ブドウが栽培できない北ドイツ地域ではビールの需要は多く，各都市で生産されていたし，ビールは輸出品として，また，地域内消費の有力商品として重要であったと考えられる。リューベックにおいてもビール醸造は盛んであったが，ハンザ都市の中でもブレーメン，ハンブルク，ヴィスマールのビールは輸出商品としても有名であった。

　このように，中近世ハンザ都市において有力商品でありながら，ビールが都市経済に与えた影響については，近年に至るまでドイツのビール醸造業史研究の一部としての研究や[50]，ハンブルク，ヴィスマール等のビール輸出が盛んなハンザ都市に関する個別研究が残されているにすぎなかった[51]。その後，中近世における主要ハンザ都市の醸造業の動向に関する総合的な研究書が公刊されたが[52]，醸造業が都市財政など都市経済に与えた影響については，なお検討が不十分であるように思われる。少なくとも我が国においては，都市経済に醸造業の果たした意義について，十分に検討されてきたとはいえない。

　ハンザが盛期から停滞に向かう中で，ハンザ都市においてビール醸造業がその経済にどのように貢献してきたのかを明らかにするためには個別都市研究の集大成が必要であろう。ハンザ都市といえどもそれぞれ特色，特徴があるから

である。そこで本章ではその第一歩として，市内に傑出した輸出手工業をもたない，国際的な仲介商業への依存度が高いリューベックと，ビール以外の輸出手工業を有する内陸のハンザ都市ブラウンシュヴァイク，ビール醸造業とその輸出が盛んなハンブルク，ヴィスマールを対象に，15，16 世紀におけるビール生産と消費，それにともなう税が都市経済に与えた影響について比較検討し，ハンザ都市経済における醸造業の意義について考えてみたい[53]。

　ビールはもともと北ドイツ地域では自家醸造が広く行なわれていたと考えられ，その醸造法も，品質，生産量にも制限がなく自由であったと思われる。しかし，一方において一部の都市では数少ない自市産輸出品に成長し，他方都市による周辺地域の土地取得等によって都市域が拡大される中で，都市内での醸造が地域内で優位になり，都市周辺，近隣地域におけるビール販売独占がはかられ，周辺他都市，あるいは外国都市との競争にもつながっていったと考えられる。

　例えば，リューベックの場合，リューネブルク塩のバルト海への搬出を主目的とした当時のリューベック商人にとって重要なシュテクニッツ運河建設にともなって 14 世紀末までの間に周辺地域の土地取得が進み[54]，特に 14 世紀後半にはラウエンブルク，メルン Mölln におけるリューベック市，市民による土地取得が進展して都市域が拡大していった。このように，リューベックの拡大した都市域でのビール販売は，次第に地域内独占を目指すようになったのである。すなわち，リューベックのビール生産量は 16 世紀後半まで増加していたが，例えばダンツィヒへのビール輸出は 15 世紀末以降減少していったのである[55]。遠方の他都市，他地域への恒常的な輸出の増大が考えにくいとすれば，すなわち，それはリューベックビールの自市内，周辺地域ならびにデンマーク南岸のスコーネン等近隣地域への供給量が増加していったことを示すものであり[56]，市のビールの取引市場が近隣向けへと性格を強めていったことを示すものであろう。事実，リューベックのビール醸造業者はもともと輸出用ビールを生産するような特権的な手工業者ではなく，16 世紀中頃に生産されたビール

も約 2/3 が地域内消費のためのビールであったという[57]。16 世紀以降には多数のデンマークの漁師，農民の小型船がリューベックに入港しており，17 世紀には多数のシュレスヴィヒ・ホルシュタインやデンマークの漁師，農民によるリューベック市場における小規模取引が急増していたことが知られており[58]，ちょうど同じ 17 世紀にリューベック市周辺でビールの醸造も禁止されたのである[59]。市では 16 世紀後半以降ビール全体の生産高は減少していくが，市内，周辺，近隣地域向けのビールの生産高は減少していないのである（グラフ 2-1 参照）[60]。すなわち，都市圏における販売独占によって周辺，近隣地域の市場向けのビールの生産高は維持され，その結果ビール生産全体に占める近隣向けビールの割合は増加したと思われるのである。このように，リューベックにおけるビール生産の地域内独占の事例からは，地域内消費を対象としたビール生産が都市経済上一定の役割を果たしたことがわかるのである。

　また，少なくとも 15 世紀頃からは，ビールは都市の歳入において重要な役割を果たすようになったと思われる。例えば，表 1-8 のようにブラウンシュヴァイクではビール関連の税収は 1406 年には 400 ブラウンシュヴァイクマルク（以下 B マルクと略す）に達し，特に 1422 年には 500 B マルク以上に達した。その歳入総額に占める割合は，ビール醸造が盛んであったハンブルクですら 15 世紀には税収全体の 10 パーセントに達しなかったのに対し，1415 年以後一時多少落ち込むものの 15 パーセント前後を占め，間接税に占める割合は 40 パーセント以上であった。そのうち樽毎に課税されたビール消費税は 1415 年以降 300 B マルク前後の税収，1422 年と 26 年には 400 B マルクを超える税収をもたらし，歳入総額のおおよそ 10 パーセント前後を維持しており，市内でのビール消費が大きかったことを示している。他方，ビール関税は 1401，11，16，21 年に 100 B マルクを下回るものの，他の年には 100 B マルクを超え，それは間接税のほぼ 10 パーセント以上を維持しており，継続的にかなりのビールが輸入されていたことが推測される。このようにビール生産が盛んな都市だけでなく，市内の消費の一部を輸入に頼るような都市においても，ビール関連の税収が市財政に重要であったことを示している[61]。

グラフ 2-1　近世リューベックにおけるビール生産

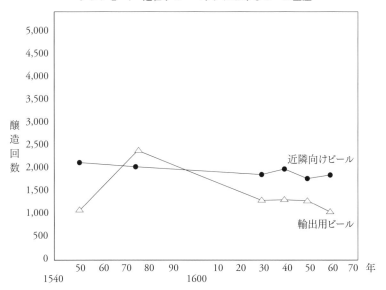

（出典）　C. v. Blanckenburg, Die Hanse und ihr Bier. Brauwesen und Bierhandel im hansischen Verkehrsgebiet. Hansische Geschichtsquellen. Neue Folge. Bd. LI. Köln 2001. S. 83. より作成。

　各都市のビール醸造業の発展過程は様々であろうが，ハンブルクの場合醸造規定の改変が醸造業を大きく発展させたと思われる。もともとハンブルクの場合，ビール醸造業は特殊な存在であり，醸造業者数も多かった。1376 年の市民の職業分類では，1,175 名中 457 名が醸造業者でそのうち 181 名が輸出向け醸造業者であった[62]。しかもハンブルクの手工業種は，醸造用の樽などを生産する桶屋を別とすれば，ほぼ純粋に市民や地域住民の生活上の需要に対応する職種であり，それらの職種は職内規定をその組織であるアムトによって規定されていた。それに対し，ビール醸造業は近隣市場向け醸造業者でさえ職内規定は市参事会によって規定され，組織的にも例外的にアムトではなく兄弟団Bruderschaft で結ばれるなど特別扱いであり，市における醸造業の重要性がよくわかる——桶屋の成員数の突出した多さからも市におけるビール醸造の重要性が感じられる——[63]。だが，当時醸造業者は市政においては中枢を担うには

至っていなかった。その不満は 1410 年に反市政運動となって表面化し，それは市参事会の譲歩を引き出し，醸造業者は市政の中枢の一部を成すに至ったのである。それを一因として，以後，醸造業等への課税強化により市財政の安定をはかりつつ，醸造業の発展を目指した政策を遂行するという難問に対応することができたと考えられるのである[64]。

　しかるに，ハンブルクでは醸造に関する規定を定めた規定書 Burspraken の 1465 年の醸造規定で「手工業者は同時に醸造人であってはならない」とされ，16 世紀の醸造規定では「小さな家での醸造禁止，木の破風の家での醸造禁止……」と規定されたのである。すなわち，安定した生産のできない中小の醸造業者を排除し，自由な生産を排し，生産条件を厳格化することによって品質不均等の問題を解決し，一定品質の維持を実現したのである[65]。それとともに，14 世紀〜 15 世紀前半には生産過剰であったビールの生産量を抑制してコスト削減をはかり，価格の低廉化を実現した。生産条件の厳格化が常にはかられ，それはビール醸造業を一般市民の参入できない市における特権的な存在にもしたが，品質の維持，向上と生産量の調整による価格の低廉化によって，15 世紀末にはハンブルクビールの輸出量は 100,000 ヘクトリットルにもおよび，しかも 50,000 ヘクトリットルはビールの醸造が盛んであったオランダに輸出された[66]。しかし，15 世紀に 168,000 樽の生産であった市のビール醸造量も 16 世紀には 100,000 樽にまで減少し，市のビール醸造業が停滞していたとも推定されている[67]。その原因は市の人口減少とオランダビールの攻勢によるものと考えられているが[68]，前述のように，ハンブルクではそうしたビールの販売の停滞の際に，一定規模以上の生産者による品質維持，おそらくは生産量の調整も行ない，イギリス人，オランダ人，ユダヤ人等のネットワークを利用した販売組織の充実を実現して，オランダの高関税下にあっても競争力を失わず，オランダビールを凌駕したのであった[69]。ハンブルクでは良質かつ安定した量のビール供給によってビール醸造業は発展し，低地地方など販売領域が重なるブレーメンのビールにも勝利をおさめることができたと考えられるのである[70]。

　ハンブルクのビール消費税は，14 世紀後半から 17 世紀前半の三十年戦争期まで，途中 1444 年と 1553 年に，樽あたりの課税額が増額される変化があったにせよ[71]，一貫して増加しているのである（表 1-3 参照）[72]。

　17 世紀初頭には一時減少した市のビール醸造量は 150,000 樽にまで回復し，1620 〜 30 年の三十年戦争期にはビール消費税の関税を含めた全税収額に占める割合は 30 パーセントを超えるに至っていたのである[73]。ビール醸造業の発展は間接税収入の増加に大きな役割を果たし，税収全体にも貢献したといえよう。税収の増加は直接的には課税強化の結果ともいえようが，生活上不可欠なビール飲料へのこのような課税強化が可能となった背景には，生産コストの低廉化による商品自体の価格抑制への継続した努力があった点を看過すべきではなかろう[74]。

　17 世紀後半のヨーロッパは農業の不況期といわれ，全体的に購買力が低下したといわれているが，17 世紀のハンブルクにおけるビール消費は増加したと思われる。17 世紀を通じて維持されたのは，三十年戦争で荒廃することもなく，市の人口が 1600 年の約 40,000 人から 1680 年には 58,000 人へと増加し[75]，農業不況の中でも，経済力と市民の消費生活水準の維持，向上があったというハンブルクの特殊事情によるところもあるかもしれない。17 世紀後半にビール消費税は急増し，1685 年には 16 世紀後半の 6 倍弱にも達し，5 倍の消費税の課税強化とも相まって，1685 年には消費税収入は 270,000 マルクにおよび[76]，1680 年代には毎年おおよそ 200,000 〜 300,000 マルクの消費税を市にもたらすなど，頂点に達したのである[77]。

　ブランケンブルクがハンザのブレーメン，ダンツィヒ，ハンブルク，リューベック，ロストク，ヴィスマールの 6 都市について，ビール生産の最盛期の人口に対応した各都市のビールの市内消費量と輸出量を推定している。それによればリューベック，ロストクのビール輸出量は約 20,000 ヘクトリットルにすぎないのに対し，ブレーメンでは約 140,000，ヴィスマールでは約 260,000，ダンツィヒとハンブルクでは約 450,000 ヘクトリットルのビールが市内消費以上に生産されていたとされる。もちろんその全てが輸出されたわけ

ではないにしても，少なくともダンツィヒ，ハンブルク，ヴィスマールからは
ビールが大量に輸出されていたであろうと推測される。そして，この6都市
だけで，市民消費量を超えて生産された「輸出ビール」量は約1,350,000ヘク
トリットル，約1,080,000樽余にもおよんだと推定されているのである[78]。

　ハンザ都市では中都市に分類されるヴィスマールでも，14世紀の前半から
自市産のビール醸造に関して様々な規制が強化され，良質なビールの輸出が増
加したといわれている[79]。14世紀後半から本格化した北欧へのホップ輸出も
15世紀後半以降活発化した[80]。遠隔地商業を経済基盤とするハンザ都市が圧
倒的に多く，参事会員もまた大半が大商人層で占められることが多かったが，
ヴィスマールでは15世紀後半には醸造業者が市参事会の大半を占めるなど，
政治的に市の醸造業者が市の中枢を掌握するのと並行して[81]，市のビール醸造
業は15世紀前半から16世紀後半に醸造量を倍増し，輸出量を増加させて市
の経済を支える存在に成長したのであった[82]。

　リューベックがハンザの領袖として，常にオランダ，イギリスと対抗し，結
果としてハンザと運命をともにしたのと異なり，オランダ，イギリスからの移
住を受け入れたハンブルクは，ハンザがオランダと敵対している時でもオラン
ダとの通商を維持し，他方，オランダと対抗関係にあるイギリスとも接近して
1567年にはイギリスに商館を確保し，関税特権を獲得するなど政情不安定の
中でも一貫して通商関係の拡大をはかってきたのであった[83]。それを可能にし
たのは，ハンブルクが各地の商品の中継基地というだけでなく，ハンブルクに
は特産品に成長した優良なビールがあったからであり，その販路拡大がはから
れてきたからと思われるのである。すなわち，品質の向上・維持と安定的な生
産量による無駄のない供給は，良質かつ低廉なハンブルクビールの販路を拡大
し，それと連動して他の商品流通も活発化したと考えられるのである。

　しかし17世紀には17の都市，地域からであった市への外地産ビールの流
入は，18世紀には55へと急増し，そのうち20がアルトナ Altona をはじめと
する近隣地域からもたらされたものであった[84]。18世紀に入ると旧来の規定
に基づいて生産されてきたハンブルクのビールは，積極的に新しい技術を取り

入れて生産された安価で良質な近隣地域等のビールに敗北していったのである。

　ビールは生活上必要なものとして自家醸造による自由な生産が行なわれ，中世以降地域経済にとって重要な商品として各都市で発展してきた。中世から近世にかけて税収が直接税から間接税へと重心移動する中で，ビールは消費税の課税強化によって各都市の大きな財源となって財政安定をもたらした。他方で，販売競争激化あるいは輸入商品への高関税といった厳しい社会環境の中でビールの消費，輸出の停滞等の危機に対応した対策が，結果として，良好な品質の維持，需要に見合った生産，効率的な低コストでの生産を実現し，高関税下の販売競争に耐えうる低価格のビールは，輸出商品としても都市に利益をもたらした。逆に生産面で劣る都市では，輸入ビールからの関税収入が都市に安定した歳入をもたらした。それらは以後ハンザが停滞傾向を示す中にあっても，ハンザ都市が経済的になお繁栄を維持した一因にもなったであろう。

　都市が都市周辺地域におけるビールの独占を通じて地域の中心として性格を強める場合もあった。すなわち，リューベックでは，古くから地域内消費用の低品質のビールが周辺地域に供給されていたが，以後次第に都市周辺地域での醸造が禁止され，市産ビールが独占的に販売されるようになった。それは，遠隔地商業の停滞の中で，市が都市周辺地域の商業の重要性を意識した結果ではなかったか。そうした市を中心とした地域内での独占的な生産，販売体制の強化は，他都市と連帯して商業を行なう旧来のハンザの体質を大きく変え，弱体化を促進したと考えられる。このようにハンザ都市におけるビール醸造業の展開からはハンザの停滞とハンザ都市の繁栄維持は同時に進行していたことが推測されるのである。

　ハンブルクやヴィスマールでは，ビール輸出によって市の経済は発展した。そのうちエルベ河流域に広大な後背地を有するハンブルクでは，ビール醸造業はその発展と連動して他の商品の輸出入を促進し，近世の商品流通網を育成して，以後流通基地として都市の発展を実現したと考えられるのである。

4. ハンザ都市の商業振興

　リューベックを含め主要ハンザ都市の大半は商業関連手工業を除き目立った特産的生産物をもたない遠隔地商業都市に分類され，ハンブルク，ブラウンシュヴァイク，リューネブルク，ヴィスマール等の都市が貿易生産都市との中間形態に分類されるにすぎない[85]。このように商業はハンザ都市にとっては，最も重要な経済基盤であった。外国商人の進出，商館貿易衰退の中で，なおハンザ各都市が経済力を維持できたのは何故なのであろうか。ハンザ圏の人口増大にともなう商業全体の拡大はあるとしても，その一因は，各商人の対応，各都市の商業振興によるものではなかろうか。

　ハンザ都市において，少なくとも当初は，市の安全確保のため市の周辺の重要拠点周辺の土地が取得された。それは，各都市が自立するための一つの条件であり，その後，多くの土地やその権利が市，市民や教会等によって購入されるが，封建権力者側の財貨不足を原因とする市や市民への無心に対する消極的な取得であった。地域の政治的環境が悪化すると封建権力者は軍事費の必要から土地を担保または譲渡し，都市はそれに対応して封建権力者を経済的に支援，友好を維持し，商業路や都市の安全を確保しようとしたのである。都市によって相違はあるが，おおよそ14世紀後半から15世紀半ばに，重要な通商交通路の安全確保，特に運河の建設やその安全維持のために，一定地域の土地がおそらくは封建権力者側の財貨不足に乗じて主体的，計画的に求められた[86]。しかし，市や市民の側には直接的な農業経営の意図はほとんどなかったと思われ，これも商業振興策といえよう。また，都市内レンテ Hausrente，封建レンテ Feudalrente，都市周辺農村地域の土地の購入は，余剰の「資本」や，商業への「投資」機会に恵まれない際にも，「商業資本」の温存のために行なわれたと思われる。短期に「資本」を引きあげるケースがそれにあたると思われる[87]。

　エルベ河奥地に広い後背地を有するハンブルクでは当初，周辺地の取得は決

して積極的なものではなかった。それはリューベックも同様で，両都市とも運河の建設や商業路保護の必要性から積極的な土地取得に転換したと思われるのである。リューベックでは市や市民がメルンを中心にベルゲドルフ Bergedorf・Mölln メルン家の所領全体を取得しているが，それは 1390 年に着工した市とエルベ河を結び，リューネブルク塩搬出に便利なシュテクニッツ運河の建設地やその周辺地であった[88]。ハンブルクでも 1452 年には北海・バルト海間を結ぶ東西貿易の内陸最短商業水路アルスター・トラーフェ運河建設に着手したが，その建設地，周辺地が多く取得されている[89]。ブラウンシュヴァイクでも，当初はハンブルク，リューベックと同様であったが，市民抗争以降は，財政悪化が顕著となる中で，市は不要な土地を処分し，限られた資金の範囲で地域の防衛拠点とその周辺地域を主体的，計画的に取得した[90]。市と市民の土地取得は少なくとも結果としては，市，市民一体のもののように見えるが，ブラウンシュヴァイク，ハンブルク，リューベックにおける土地取得は主体的，計画的であっても，周辺地域において市や市民が農業経営を目指したとは思えない。それは農業経営により農産物，特に穀物が商品としての価値を高めるにつれて商品としての穀物を確実に取得しようとしたとも考えられるが，あくまで商業路の安全確保を主目的としていたと思われる[91]。ハンザ商業自体が停滞傾向を示す中で土地を取得して運河を建設し，商業路の安全を維持することは商業振興策の一つであったであろう。危険さえ減少すれば商業の方がはるかに大きな収入を期待できたからである。

これに対し，シュトラールズントでは，すでに 15 世紀の前半において，有力市民や修道院が一定地域に対する一円的土地所有を志向したと思われる事例が複数あり，そうした土地所有と関連する地域内での商業独占の事例が見られた。前記の 3 都市とシュトラールズントの違いは，ハンブルクのように遠隔地商業や広い後背地における商業になお「投資」機会が豊富である都市では商業への「投資」に比べ収益率の低い土地への「投資」は副次的なものにすぎなかったのに対し，シュトラールズントの場合，商業に都市の経済の多くを依存しながら遠隔地商業の展開に望ましい環境になく，商業への「投資」機会が減

少する中で，過飽和となった「商業資本」が周辺地へ「投資」されたということではなかったか[92]。地代等の取得による安定した収入を確保するとともに，後背地が小さい都市の場合には，確実かつ効率的な収益の確保を目指した商業独占へとつながったのではなかったかと考えられるのである。シュトラールズントにおける一部の周辺地域への対応は，南ドイツやスイスにおける都市周辺農村地域を一円的に支配する領域政策と類似するとも見えるが，全体としては農地経営の意図は少なく，商業振興に力点のおかれたものであったように思われる[93]。

　このように見るならばハンザ都市の周辺農村における土地取得はあくまでも商業を強く意識したものであり，農村支配を目指したものではなかったと思われる。そうした商業振興策が功を奏したからこそ，ハンザ商業の停滞傾向の中で，各都市あるいは各品目や個別地域間商業において差はあるものの，16世紀に至るまでハンザ商業を一定の水準に維持することが可能になったのではなかろうか。そして，ハンザ商業が健在であり，なお，ハンザ都市の市民や商人がハンザ商業への「投資」機会をもち，さらに，その発展を信じていたからこそ，土地の取得も「商業振興策」にとどまっていたのではなかったか。したがって，以後ハンザの遠隔地商業自体が減退していく中で，例えばリューベックにおけるレンテ市場の拡大傾向は，決して市経済の好転を示すものではなく，商業への「投資」機会が減少したことにより過飽和となった「商業資本」が周辺地へ「投資」されたことを意味しているように思われるのである。

　直接的な商業振興という面では，リューベックにおいては不純物の少ない良質塩であるリューネブルク塩の独占がはかられていた。しかし他方でリューネブルクに製塩権を有するようなリューベックの大商人層は，質は劣るものの廉価なベイ塩がハンザ圏に流入するようになると，リューネブルクの抗議にもかかわらず，オランダ商人等に対抗してその貿易にも参入していく[94]。競合する商品ではあるが，品質の相違となお高い需要がそれを可能にしたのであろう。しかもオランダ商人と同様にその商業はリューベック市場を経由せずズント海峡経由で行われたのであった。これがリューベック経済に好影響を与えたとは

いえないが，少なくとも，イギリス，オランダ商人に対し，塩取引の独占を維
持せんとするリューベック商人の経済振興策の一つであったのには違いないの
ではなかろうか。それにもかかわらず，リューベックの対外貿易は衰退し，市
財政も悪化していく中で，そしてハンザ都市全体では 14 世紀末から 15 世紀
末に向けて減少傾向にあったにもかかわらず，リューベックは戦時にはハンザ
に対し変わらぬ兵力を拠出し続けたのである[95]。ハンザの領袖として当然のこ
ととも考えられるが，周辺の地域内市場として一定の経済力を維持，強化して
いたこともそれを可能にした一因ではなかろうか[96]。

　多くのハンザ都市は遠隔地貿易の中継地として遠隔地貿易を経済基盤とする
と同時に地域内商品市場でもあったのであり，また，一部には市内での生産と
結びついた商業もあり，遠隔地商業の停滞はそのまま都市経済の停滞を意味し
たわけではなかった。両商業に従事する商人間には，例えば，商品がリュー
ベックを経由する時，自らの主導権を維持しつつ市場の開放を求める専門商
人，卸売り商人である大商人層等の自由な商業活動に対し，自市産や近隣地産
の商品を扱う中小小売り商人との間には対抗関係があったと考えられる。事
実，例えばリューベックのビール醸造業についていえば，少なくとも，14 世
紀には大商人層は手工業アムトで組織されていた醸造業者と反目していたので
ある[97]。リューベックでは市政や市経済を掌握する大商人層はリューネブルク
塩貿易を独占するとともに，その意向にそって市場は開放されてきたと思われ
るが，彼ら大商人層がベイ塩の事例のように都市市場を経由せず，オランダ，
イギリス商人と競って遠隔地貿易を展開していく中で，リューベック市場は遠
隔地商業市場と地域内の中心市場という複合的市場から，次第に地域経済の中
心市場，閉鎖的な市場という性格を強めていったのではなかったか[98]。前述の
ように，リューベック市周辺でのビールの醸造が禁止され，16 世紀後半以降，
市は周辺，近隣地域における販売独占によってビールの生産高を維持したと考
えられるのである。このように，一商品の事例からではあるが，リューベック
市場が近隣地域の市場としての性格を次第に強めていったことが推測されるの
である[99]。

ハンブルクやヴィスマールでは，自市産ビールの生産，輸出が市の発展に大いに貢献した。地域環境において何が優先されるかによって相違が生じたであろう各都市の商業振興は，以後の都市構造に大きな影響を与えたであろう。それによって各都市の性格も異なってきたであろうし，特殊性が強化されていったのであろう。

小　　括

　リューベック商人がハンザ商業圏，特にバルト海地域にもたらす高品質，高価格のリューネブルク塩は，16世紀初頭に至るまで生産量を維持していたが，15世紀以降フランス西部よりオランダ商人によって安価なベイ塩がもたらされると，次第に貿易量を減少させ，占有率を低下させた。塩の流通では，以後もオランダが終始中心的役割を果たし，17世紀末以降にはスウェーデンやポーランドのダンツィヒの取扱量が増加した。地域需要を背景にスウェーデンやバルト海沿岸の都市が塩貿易に参入していったのである。オランダによる塩貿易は最西端のポルトガルから東方ロシアまで北ヨーロッパを横断する東西交易として他の商品貿易をも巻き込んで独自の展開をしていたと考えられるのである。

　それは，塩だけでなく，あらゆる商品のハンザ商人による独占的貿易体制の後退，敗退を意味するとともに，バルト海内の貿易が大きな商業圏へ，そして世界貿易に組み込まれていく原点でもあった。すなわち，15世紀以降北海，バルト海が一つの商業圏を形成し，大洋貿易と結びついてそこに点在するハンザ都市もまた世界貿易の中に組み込まれていく道筋を先導したのが塩貿易ともいえるのである。それはバルト海地域の人々にとって，生活に必要な物資の確保のためのハンザ商業への従属からの解放でもあった。

　中世から近世にかけて税収が直接税から間接税へと重心移動する中で，ビールは消費税の課税強化によって各都市の大きな財源となり，他方で，販売競争激化あるいは輸入商品への高関税等によるビールの消費，輸出の停滞等に対す

る対策が，結果として，ハンブルクでは良好な品質の維持，需要に見合った生産，効率的な低コストでの生産を実現し，輸出地域における高関税下の販売競争に耐えうる低価格のビールが，輸出商品としても市に利益をもたらした。逆に生産に積極的でない都市ブラウンシュヴァイクでは，輸入ビールからの関税収入が都市に税収をもたらした。それらは以後，ハンザ都市が経済的になお繁栄を維持した一因にもなったであろう。また，リューベックにおいて市の周辺地域に市産ビールが独占的に販売されたように，都市が市周辺地域におけるビールの独占を通じて地域の中心として性格を強める場合もあった。遠隔地商業を経済基盤とするハンザ都市は，諸外国商人の進出に対し個別の都市圏内の経済を充実させることによって都市経済の維持をはからざるをえなくなったからであろう。こうして個別都市の自立的で閉鎖的な経済圏が形成されていく過程で，ハンザ都市は一応の繁栄を維持し，他方でハンザの結束は急速に弱体化していったと考えられるのである。

　ハンブルク，ヴィスマールではビール輸出によって発展したが，旧来の規定順守によって生産されたビールは，自由な新しい技術によって生産された安価，良質なビールに敗北し，さらにワインやコーヒー，紅茶などの飲み物が市民生活に浸透する中で急速に衰えていった。だが，ハンブルクのビール流通網はワインや植民地物産の流通網として機能し，海洋貿易だけでなく内陸河川，運河交通の進展をももたらし，ハンブルクは植民地物産の集散地として以後急速に発展していったのではないかと思われるのである。近世以降貿易は全般的に強力な国家権力の後援の下で展開し，しかも主流の交易品は 18 世紀にはイギリス，フランス主導の下，利益率の高い植民地物産へと移行していったのである。

　15 世紀から 16 世紀へとオランダ，イギリスの商人がハンザ圏への進出を強める中，中世の冒険的商業に依存するハンザは弱体化したと考えられてきた。確かに，ハンザが依拠してきた各商館貿易が崩壊に向かうなど，ハンザの衰退が顕在化してきたようにも見える。しかし，対イギリス，対ロシア貿易量は決して減少していなかったし，ジェンクスが述べるように，一部の大規模なハン

ザ都市ではむしろ繁栄の頂点にあったとすら考えられるのである。それはハンザ圏の人口増大とともに，本章でその一端を見てきたように各都市のその環境や規模に応じた独自の商業振興策の成果によるものではなかろうか。それによって各都市間で相違はあるものの，各都市は商業・経済力をある程度維持できたと考えられるのである。しかしそれは他方で，各都市が独自性を強化し，特に地域の中心市場としての側面を強化した都市は自立性を高め，それ故に結果として協力して対外特権を維持してきたハンザ都市間の連帯のより一層の弱体化をもたらしたのではなかったかと考えられるのである。

（注）

1）　E. Daenell, Die Blütezeit der deutschen Hanse. Hansische Geschichte von der zweiten Hälfte des 14. bis zum letzten Viertel des 15. Jahrhunderts. Bd. 1. Berlin 1905.

2）　F. Rörig, Hansische Beiträge zur deutschen Wirtschaftsgeschichte. Breslau 1928. S. 139ff. Ph. Dollinger, La Hanse, Paris 1964. 英訳 Ph. Dollinger, The German Hansa. Translated and edited by D. S. Ault / S. H. Steinberg. London 1970. 日本語訳 Ph. ドランジェ，高橋理監訳，奥村／小澤／小野寺／柏倉／高橋／谷澤訳『ハンザ　12-17世紀』みすず書房，2016年，198頁以下。Vgl. A. v. Brandt, Geist und Politik in der lübeckischen Geschichte. Lübeck 1954.

3）　J. Schildhauer, Soziale, politische und religiöse Auseinandersetzungen in den Hansestädten Stralsund, Rostock und Wismar im ersten Drittel des 16. Jahrhunderts. AHS. Bd. 2. Weimar 1959. S. 42ff. K. Fritze, Am Wendepunkt der Hanse. Berlin 1967. S. 115ff. J. Schildhauer / K. Fritze / W. Stark, Die Hanse. Berlin 1974. S. 151ff. Vgl. E. Engel, Die deutsche Stadt des Mittelalters. München 1993. S. 129f. K. Fritze, Tendenzen der Stagnation in der Entwicklung der Hanse nach 1370. Wissenschaftliche Zeitschrift der Ernst-Moritz-Arndt Universität Greifswalt. Gesellschafts- und Sprachwissenschaftliche Reihe. 5/6. Bd. 12. 1963. S. 519ff.

4）　S. Jenks, Der Frieden von Utrecht 1474. Der hansische Sonderweg? Beiträge zur Sozial- und Wirtschaftsgeschichte der Hanse. Hrsg. v. S. Jenks / M. North. HGq. Neue Folge. Bd. 39. Köln 1993. S. 59-76.

5）　E. Pitz, Steigende und fallende Tendenzen in Politik und Wirtschaftsleben der Hanse im 16. Jahrhundert. HGbll. 102. 1984. S. 39-77.

6）　例えば我が国においては，ハンザに関する研究書として高村象平『ドイツ・ハンザの研究』日本評論新社，1959年，通史として関谷清『ドイツ・ハンザ史序説』比叡書房，1973年，高橋理『ハンザ「同盟」の歴史—中世ヨーロッパの都市と商業—』創元

社，2013 年があげられる。16 世紀について関谷氏は「ドイツ・ハンザの衰退」の編で扱うが，その中では「16 世紀のハンザ都市の経済的繁栄」という標題の章が設けられており，どの側面から見るかによってこの時期の評価が多様であることを示している。この時期の研究としては，谷澤毅「近世初頭のバルト海貿易」『早稲田大学経済学研究』35，1992 年がある。

7）　ドランジェ，前掲書，316-319 頁。W. Stein, Die Hanse und England beim Ausgang des hundertjährigen Kriegs. HGbll. 46. 1921. S. 27ff.

8）　ドランジェ，前掲書，311-315 頁。M. Hoffmann, Lübeck und Danzig nach dem Frieden zu Wordingborg. HGbll. 10. 1901. S. 29ff. Vgl. H. Sauer, Hansestädte und Landesfürsten. HGq. Neue Folge. Bd. 16. 1971. S. 14-32.

9）　ドランジェ，前掲書，328-329 頁。高村『ドイツ・ハンザの研究』185-189 頁。

10）　ドランジェ，前掲書，315 頁。

11）　高橋，前掲書，208-209 頁。

12）　ドランジェ，前掲書，316-319 頁。Stein, op. cit., S. 27ff.

13）　ドランジェ，前掲書，324-330，371-373 頁。高村『ドイツ・ハンザの研究』203-209 頁。

14）　E. Wiskemann, Hamburg und die Welthandelspolitik von den Anfängen bis zur Gegenwart. Hamburg 1929. S. 76f. 高村『ドイツ・ハンザの研究』206 頁。

15）　W. Vogel, Zur Größe der europäischen Handelsflotten im 15., 16. und 17. Jahrhundert. Forschungen und Versuche zur Geschichte des Mittelalters und der Neuzeit. Festschrift D. Schäfer. Jena 1915. S. 291ff.

16）　高村『ドイツ・ハンザの研究』214 頁。オランダは海峡封鎖はリューベックの意向に従ったものと捉えていたという。それだけ当時のリューベックにとって海峡経由の交易の拡大の影響が大きかったことを示しているといえよう。

17）　例えば，W. Fellmann, Die Salzproduktion im Hanseraum. Hansische Stuiden. 1961. S. 56-71. また，我が国の研究では高橋，前掲書，112 頁。高村象平『ドイツ中世都市』一條書店，1959 年，187-197 頁。齋藤豪大／池谷文夫「近世スウェーデン塩交易構造の変容（1641-1700 年）」『茨城大学教育学部紀要（人文・社会科学，芸術）』62 号，2013 年，121 頁。

18）　M. カーランスキー，山本光伸訳『塩の世界史』扶桑社，2005 年。

19）　山瀬善一「ヨーロッパの歴史における生活と塩」『国民経済雑誌』（神戸大学）第 149 号第 3 巻，1984 年，12 頁。

20）　斯波照雄「ハンザ都市の商業構造—北海・バルト海における塩とビール—」斯波照雄／玉木俊明編『北海・バルト海の商業世界』悠書館，2015 年，85-112 頁。

21）　山瀬，前掲論文，9 頁。

22) リューネブルク塩については H. Böse, Lüneburgs politische Stellung im wendische Quartier der Hanse in der zweiten Hälfte des 15. Jahrhunderts. Lüneburg 1971. 参照。

23) 高村『ドイツ中世都市』192 頁。

24) H. Witthöft, Lüneburger Schiffer-Ämter. Lüneburger Blätter. Heft 9. 1958. S. 76-79. この船舶組合は 1370 年には組織，認定されていたことが知られており，15 世紀にはハンブルクとの間で穀物，ビール，ワインを輸送していたことが知られている。

25) Dollinger, La Hanse. 英訳 The German Hansa. p. 432. 表 44-2。

26) 高村『ドイツ・ハンザの研究』108 頁。

27) F. -W. Henning, Das vorindustrielle Deutschland 800 bis 1800. Paderborn 1974. S. 192. F. -W. ヘニング，柴田英樹訳『ドイツ社会経済史　工業化前のドイツ　800-1800』学文社，1998 年，161 頁。

28) W. Böhnke, Der Binnenhandel des Deutscher Orden in Preussen. HGbll. 80. 1962. S. 51-53. Dollinger, op. cit., p. 434. 表 46。

29) G. Körner, Das Salzwerk zu Lüneburg. Lüneburger Blätter. Heft 7/8. 1957. S. 41ff.

30) Tabeller over Skibsfart og Varetransport gennem Øresund 1497-1660. ②. 参照。

31) 山瀬，前掲論文，13 頁。

32) ドランジェ『ハンザ』187 頁。

33) ドランジェ『ハンザ』252 頁。

34) Henning, op. cit., S. 168. ヘニング，前掲書，140 頁。

35) 谷澤毅『北欧商業史の研究―世界経済の形成とハンザ商業』知泉書館，2011 年，148-149 頁。158 頁。

36) 山瀬，前掲論文，13, 17-18 頁。

37) 斯波「ハンザ都市の商業構造」86-90 頁。

38) Die Lübecker Pfundzollbücher 1492-1496. HGq. Neue Folge. Bd. 41. Teil 1-4. Bearb. v. H. -J. Vogtherr. Köln 1996. 谷澤，前掲書，284-286 頁。Henning, op. cit., S. 168. ヘニング，前掲書，140 頁。

39) 高村『ドイツ・ハンザの研究』108 頁。D. カービー／ M. -L. ヒンカネン，玉木俊明／牧野正憲／谷澤毅／根本聡／柏倉知秀訳『ヨーロッパの北の海―北海・バルト海の歴史―』刀水書房，2011 年，218 頁。

40) A. Nedkvitne, The German Hansa and Bergen 1100-1600. HGq. Neue Folge. Bd. 70. Köln 2014. S. 225.

41) J. Kulischer, Allgemeine Wirtschaftsgeschichte des Mittelalters und der Neuzeit. Bd. 2. München 1929 (1976). S. 209. 玉木俊明『北方ヨーロッパの商業と経済　1550-1815 年』知泉書館，2008 年，120-121, 131-133 頁参照。

42) Kulischer, ibid., S. 294.

43）　A. Soom, Der Handel Revals im Siebzehnten Jahrhundert. Wiesbaden 1969. S. 36.

44）　Witthöft, op. cit., S. 92ff. J. Bleeck, Die Lüneburger Saline von 1797 bis 1923. Eine Ent-
wicklung vom Mittelalter zur Neuzeit. Lüneburger Blätter. Heft 17. 1966. S. 56-64, 80-86. し
かしながら，ブレークは，一製塩所の一年間の収支からの限定した記録からではある
が，18 世紀後半にはリューネブルクの製塩業がすでに大きな利益を生み出す産業では
なくなっていたことを示している。

45）　Tabeller over Skibsfart og Varetransport gennem Øresund 1661-1720. ③. pp. 591, 602,
612, 621, 629, 641, 654, 664, 672, 681, 689. L. ミューラー，玉木俊明／根本聡／入江幸
二訳『近世スウェーデンの貿易と商人』嵯峨野書院，2006 年，113 頁。

46）　Tabeller over Skibsfart og Varetransport gennem Øresund 1721-1760. ④. なお，スウェー
デン，リューベック，ハンブルクについては 17 世紀後半から 18 世紀初頭にかけての通
行税免除について考慮の必要があろう。

47）　Tabeller over Skibsfart og Varetransport gennem Øresund 1761-1783. ⑤. なお，ダンツィ
ヒの塩の輸入は 18 世紀初頭にはフランスに次いでポルトガルが多かったが，18 世紀中
頃以降ポルトガルは減少した。Vgl. Historia Gdańska. Tom Ⅲ-1: 1655-1793. Pod redakcją
E. Cieślaka. Gdańska 1993. p. 377.

48）　Tabeller over Skibsfart og Varetransport gennem Øresund 1721-1760. ④. 1761-1783. ⑤.
Vgl. E. K. Newman, Anglo-Hamburg trade in the late seventeenth and early eighteenth centuries.
Phil. Diss. University London. 1979. pp. 84, 161f. ポンドはハンブルクでは当時通貨単位と
しても使われており金額の可能性もないとはいえないが，他の商品が重量で示されてい
るのに，植民地物産のみが金額で示されたと考えるのは不自然であり，重量とした。植
民地物産については，渡辺尚「いわゆる「植民地物産」について―本源的蓄積の商品史
的検討（1）〜（4）―」『経済論叢』（京都大学）132 巻 1・2 号，1983 年，133 巻 1・
2 号，1984 年，135 巻 1・2 号，1985 年，136 巻 1 号，1985 年参照。

49）　斯波照雄「15 〜 16 世紀におけるハンザ都市の商業振興」『商学論纂』第 54 巻第 3・
4 号，2012 年，349-358 頁。

50）　H. Huntemann, Bierproduktion und Bierverbrauch in Deutschland vom 15. bis zum Beginn
des 19. Jahrhunderts. Phil. Diss. Göttingen Univ. 1970.

51）　F. Techen, Das Brauwerk in Wismar. Ⅰ, Ⅱ. HGbll. 42, 42, 1915, 1916. W. Bing, Ham-
burgs Bierbrauerei vom 14. bis zum 18. Jahrhundert. ZVhG. Bd. 14. 1908.

52）　ハンザ都市の醸造業に関する総合的な文献としては C. v. Blanckenburg, Die Hanse und
ihr Bier. Brauwesen und Bierhandel im hansischen Verkehrsgebiet. HGq. Neue Folge. Bd. LI. Köln
2001. があげられる程度である。

53）　ラインケは，ハンザ都市を 4 類型とその中間形態の 5 類型に分類している。それに
よればリューベックは遠隔地商業都市に分類され，ハンブルク，ブラウンシュヴァイ

ク，ヴィスマールは貿易生産都市と遠隔地商業都市の中間形態に分類されるなど，主要なハンザ都市の都市経済は商業に大きく依存していることがわかる。H. Reincke, Bevölkerungsprobleme der Hansestädte. HGbll. 70. 1951. S. 21, 28.

54)　高村『ドイツ中世都市』124-160頁，斯波照雄『ハンザ都市とは何か─中近世北ドイツ都市に関する一考察─』中央大学出版部，2010年，61-70頁。

55)　W. Stark, Lübeck und Danzig in der zweiten Hälfte des 15. Jahrhunderts. Untersuchungen zur Verhältniss der wendischen und preußischen Hansestädte in der Zeit des Niedergangs der Hanse. AHS. Bd. 11. Weimar 1973. S. 57ff. Blanckenburg, op. cit., S. 67, 78.

56)　Blanckenburg, ibid., S. 77-84. Huntemann, op. cit., S. 27a. ダンツィヒは有数のビール輸出都市であり，リューベックからビールを輸入していた理由は明らかでないが，18世紀の両市のビールには，リューベックビールの主原料が小麦であるのに対し，ダンツィヒビールは大麦であるなどの相違点はあった。著者不明の Der vollkommene Bierbrauer. Furankfurt / Leipzig 1784. 翻訳書，北原博／森貴史訳『18世紀ドイツビールの博物誌─完全なるビール醸造家─』関西大学出版部，2005年，127，133頁参照。

57)　Blanckenburg, ibid., S. 77-84. Huntemann, ibid., S. 22.

58)　B. Poulsen, Middlemen of the Regions. Danish Peasant Shipping from the Middle Ages to c. 1650. Regional integration in Early Modern Scandinavia. ed. by F. -E. Eliassen / J. Mikkelsen / B. Poulsen. Odense 2001. pp. 56-79. 谷澤毅「ハンザ期リューベック商業の諸相─近年の研究成果から─」『長崎県立大学論集』第40巻4号，2007年，294-299頁。

59)　K. Fritze, Bürger und Bauern zur Hansezeit. AHS. Bd. 16. Weimar 1976. S. 50-53.

60)　Blanckenburg, op. cit., S. 83.

61)　斯波『ハンザ都市とは何か』159頁，図表補-5。O. Fahlbusch, Die Finanzverwaltung der Stadt Braunschweig 1374-1425. UdSR. Bd. 116. Breslau 1913. S. 166ff. H. Dürre, Geschichte der Stadt Braunschweig im Mittelalter. Braunschweig 1861. S. 314-347.

62)　J. C. M. Laurent, Über das Bürgerbuch. ZVhG. 1841. S. 147. Reincke, op. cit., S. 20ff.

63)　Hamburgische Burspraken 1346 bis 1594 mit Nachträgen bis 1699. Bearb. v. J. Bolland. Veröffentlichungen aus dem Staatarchiv der Freien und Hansestadt Hamburg. Bd. 6. Hamburg 1960. Teil 2. Nr. 6, 12. Burspraken は市参事会による規定書。

64)　斯波照雄『中世ハンザ都市の研究─ドイツ中世都市の社会経済構造と商業─』勁草書房，1997年，109-123頁参照。

65)　Hamburugische Burspraken. Teil 2. Nr. 55. 10, Nr. 110. Bing, op. cit., S. 293. Huntemann, op. cit., S. 157.

66)　Daenell, Die Blütezeit der deutschen Hanse. Bd. 1. S. 266f. 高村『ドイツ・ハンザの研究』130頁。Blanckenburg, op. cit., S. 33-57. Vgl. K. -J. Lorenzen-Schmidt, Bier und Bierpreise in Schleswig-Holsteins Städten zwischen 1500 und 1560. Studien zur Sozialgeschichte des Mittelalters und der Neuzeit. Hrsg. v. F. Kopitzsch / K. -J. Lorenzen-Schmidt. Hamburg 1977. S. 132ff. Huntemann, ibid., S. 40, 245.

67）Bing, op. cit., 288f. Huntemann, ibid., S. 17.

68）E. Daenell, Die Blütezeit der deutschen Hanse. Bd. 2. Berlin 1906. S. 282f.

69）Bing, ibid., S. 293. 302f. Huntemann, op. cit., S. 31. 斯波照雄「ハンザ都市ハンブルク の発展と醸造業」木立真直／辰馬信男編『流通の理論・歴史・現状分析』中央大学企業 研究所研究叢書 26，2006 年，93-102 頁。

70）Blanckenburg, op. cit., S. 41. Hamburgische Chroniken in niedersächsischer Sprache. Hrsg. v. J. M. Lappenberg. Wiesbaden 1861（1971）. S. 235. 阿部謹也「中世ハンブルクのビール醸 造業と職人」『一橋論叢』第 83 巻第 3 号，1957 年，343 頁。

71）ビールへの課税は 16 世紀の第 1 四半期まで一樽 1 シリング schilling であったが， 1526 年には 2 シリング，1539 年には 4 シリング，1564 年には 8 シリングと上昇し， 1685 年には 40 シリング（＝2.5 リューベックマルク）となった。P. C. Plett, Die Finanzen der Stadt Hamburg im Mittelalter（1350-1562）. Phil. Diss. Hamburg Univ. 1960. S. 302f, 308. K. Zeiger, Hamburgs Finanzen von 1563-1650. Hamburger wirtschafts- und sozial-wissenschaftliche Schriften, Heft 34. Rostock 1936. S. 30, 149f. Huntemann, op. cit., S. 94ff. な お，関税もまた商品への課税であり，少なくとも当時の直接税と間接税という二つの範 疇に分ければ間接税になるが，ここでは別枠で捉えることとする。

72）Bing, op. cit., S. 302. Huntemann, ibid., S. 142f.

73）Zeiger, op. cit., S. 100.

74）17 世紀後半には農業不況による穀物等の原料価格の低下が知られており，1685 年 の課税強化にはそうした背景も考えられる。W. アーベル，寺尾誠訳『農業恐慌と景気 循環—中世中期以来の中欧農業及び人口扶養経済の歴史』未來社，1972 年，221-230 頁。

75）W. Bohehart, . . . nicht brothlos und nothleidend zu hinterlassen. Untersuchungen zur Ent-wicklung des Versicherungsdankens in Hamburg. Hamburg 1985. S. 14. 斯波『ハンザ都市とは 何か』150 頁。

76）Bing, op. cit., S. 314.

77）Bing, ibid., S. 315. Huntemann, op. cit., S. 95. Plett, op. cit., S. 247. 都市の発展，繁栄の 指標には，貿易量，貿易額，人口，財政規模の増大等様々なものが考えられ，例えば， ハンブルクの事例で見られるように，財政規模の拡大が課税強化による歳入の増大を一 因とする場合もあることは評価する上で考慮されるべきことであろう。斯波「ハンザ都 市ハンブルクの発展と醸造業」94，96 頁参照。

78）Blanckenburg, op. cit., S. 226f.

79）Techen, Das Brauwerk in Wismar. Ⅰ. S. 266ff. Vgl. Reincke, op. cit., S. 6.

80）Techen, ibid., S. 324.

81）Techen, ibid., S. 267. Blanckenburg, op. cit., S. 105-108.

82）Techen, Das Brauwerk in Wismar. Ⅱ. S. 165-167.

83）Wiskemann, op. cit., S. 76f. 高村『ドイツ・ハンザの研究』206 頁。Plett, op. cit., S. 247.

84）Bing, op. cit., S. 319, 321.

85）Reincke, op. cit., S. 2, 6, 26. 本章注 53）参照。

86）例えばリューベックについていえば，斯波『ハンザ都市とは何か』59-70 頁参照。

87）レンテについては，第 1 章注 42）参照。

88）斯波『ハンザ都市とは何か』61-70 頁。

89）斯波『ハンザ都市とは何か』71-87 頁。

90）斯波『ハンザ都市とは何か』89-108 頁。

91）斯波『ハンザ都市とは何か』121-125 頁。

92）斯波『ハンザ都市とは何か』109-120 頁。

93）E. Isenmann, Die deutsche Stadt im Mittelalter. Stuttgart 1988. S. 236-244. 森田安一『スイス中世都市史研究』山川出版社，1991 年，157-161 頁。

94）Böse, op. cit., S. 18f. A. Agats, Der hansische Baien-Handel. Heidelberg 1904. S. 38. 斯波『ハンザ都市とは何か』16-17 頁参照。

95）Reincke, op. cit., S. 5.

96）斯波『ハンザ都市とは何か』16-19 頁。

97）Vgl. Blanckenburg, op. cit., S. 66.

98）Blanckenburg, ibid., S. 84.

99）Blanckenburg, ibid., S. 83. Huntemann, op. cit., S. 22.

第**3**章

中世ハンザ都市の近代都市化
移行過程の比較研究

問題の所在

　北海，バルト海商業圏において 17 世紀前半の三十年戦争期にハンザは終焉を迎えたが[1]，ハンザを形成していた中世ハンザ都市は近代都市へと移行し現在に至る。その中でもとりわけ大都市に成長したハンブルクや，リューベックですら近代都市への移行過程についての先行研究は多くはない[2]。本章では両都市に加え，中堅ハンザ都市ロストク，シュトラールズント，さらに東方のシュテティン Stettin，ポーランドの海港都市ダンツィヒについて，17 世紀〜18 世紀の政治環境，商業の変遷と経済状況の変遷から近代都市への移行過程について比較整理し，中世ハンザ都市の近代都市化の共通点ならびに各都市の特徴を明らかにしてみたい。

1. 17〜18 世紀のハンザ都市の政治経済環境

　ハンザの衰退が決定的であった三十年戦争半ばの 1630 年に都市リューベックはハンブルク，ブレーメンと「同盟」を締結し，軍事的協力関係によって都市，地域の安全を確保して以後の経済的発展を模索したものと思われる。1643 年にはオランダと結んだスウェーデンとデンマークとの間で戦争が勃発し，デンマークが敗北した結果，オランダのバルト海進出が急激に進展してい

く[3]。三十年戦争が終焉を迎えた 17 世紀後半以降スウェーデンが隆盛を極めるが，18 世紀初頭に北方戦争が勃発し，当初優勢であったスウェーデンであったが，ロシアに敗北してバルト海地域における影響力は後退した。この戦争で逆にデンマークは大陸側にシュレスヴィヒを獲得し，ロシアはフィンランド東部やバルト海南部エストニア等を獲得しバルト海への進出を果たすとともにバルト海の制海権を掌握し，18 世紀後半のポーランド分割に至る[4]。しかし，18 世紀も終盤になると，スウェーデンが対トルコ戦争に忙殺されていたロシア軍との海上戦を制した。こうしたバルト海域を囲む各国の政治勢力の変化を背景に本格的な大洋貿易は進展し，まずはオランダが貿易の主導権を握り，続いてフランス，イギリスが植民地物産貿易を展開していく。

　この間のスウェーデンの交易の状況を塩貿易から見る限り，18 世紀初頭の北方戦争期に急減した後，18 世紀後半にスウェーデンはバルト海東岸地域の権益を失ったといわれるが，後述のように 1720 年代には貿易量は急増し，18 世紀半ばにはさらに増加し，安定した貿易量を維持している[5]。

　北海・バルト海をつなぐ東西貿易の主要路は，16 世紀以降次第にユトラント半島の付け根にあるリューベック，ハンブルクの港を経由して内陸を横断するルートから，半島を迂回するルートが多く利用されるようになった。ズント海峡の航路はフィン Fyn 島の両側が使用され，どちらも航海上の難所であったが，航海技術の向上とともに，遠回りではあるが荷の積み替えの必要がなく大量に物資が輸送できる海上路が主流になったのである。これは，遠隔地貿易の仲介貿易を経済基盤とするリューベックにとっては以後の都市経済上重要な問題であった[6]。他方で，16 世紀以降には多数のデンマークの漁師，農民の小型船がリューベックに入港しており，17 世紀には多数のシュレスヴィヒ・ホルシュタインやデンマークの漁師，農民によるリューベック市場における小規模取引が急増していたことや[7]，そうした地域内での商業が活発になったのと同じ時期に市民等の都市内不動産やその権利の取得が増加していることが知られている。それは，あくまでも「投資」であり，不動産の使用，利用を目的としたものではなかった。ただ「投資」といっても，「投資」額に対応した利息を

受け取るわけではない。それはレンテと呼ばれ，都市部では住居や手工業の作業場，農村では農地の権利の購入であり，それら不動産を使用する者からは名目的には家賃や地代を受け取った。こうすることによって，弱者救済の観点からキリスト教では認められていなかった経済的弱者に金銭を貸与し利息を取る行為を正当化したのである[8]。

　こうした不動産やその権利に関連したレンテの取引量，取引額の増加は，ドイツ中近世経済史の研究者からは，景気の好況を示すものとして理解されてきた。すなわち，商業，貿易で得た利益を「原資」とともに一時的に次の「投資」機会がおとずれるまで土地に「投資」，温存し，商業，貿易に再「投資」していくと考えられている。安全ではあるが不動産への「投資」の収益率は貿易におよばず，貿易に再「投資」されるが，その「投資」の額や回数が増えるということは，商業利益が得られているからであり，商業活動等が活発であり，景気がよいと理解されているのである[9]。

　16世紀から18世紀に至る都市リューベックの景気動向について家屋の売買件数から推定されている。グラフ 3-1 のようにリューベックでは 1500 年頃まで 1 世紀にわたり続いた不動産売買回数の減少傾向はおよそ 16 世紀初頭最少回数を記録した後，回復傾向に入り 17 世紀の三十年戦争期まで概ね上昇を続けた。その後再び下降傾向に入るもののその下降は緩やかであった[10]。すなわち，リューベックの景気は 16 世紀初頭から 17 世紀中葉にかけて 150 年にわたり良好であり，以後おそらくは近隣海域であり，北海への貿易路にもあたる地域でのデンマーク，スウェーデン間のスコーネン戦争とも関連して 17 世紀末まで景気は停滞するものの極端には悪化していないと考えられているのである。ただし，売買件数の減少は商業活動が活発な故に資金は商業に「投資」され，不動産やレンテによって資金の一時的保存をする必要がなく売買回数が減少したとも考えられるし，売買件数の増加は，商業への「投資」機会が減少した結果余剰の資金が「投資」されたとも考えられる。景気動向についてはなお今後の課題といわざるをえないが，少なくとも，家屋の売買という経済活動自体は 17 世紀中落ち着いた状況であったと評価できるであろう[11]。

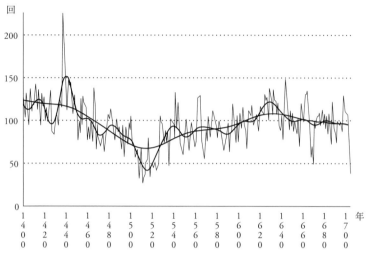

グラフ3-1　リューベックにおける市民の都市内不動産への
「投資」回数とトレンド

（出典）　R. Hammel-Kiesow, Hansischer Seehandel und wirtschaftliche Wechsellagen. Der
Umsatz im Lübecker Hafen in der zweiten Hälfte des 14. Jahrhunderts, 1492-6 und
1680-2. Der Hansische Sonderweg? Beiträge zur Sozial- und Wirtschaftsgeschichte der
Hanse. Hrsg. v. S. Jenks / M. North. Hansische Geschichtsquellen. Neue Folge. Bd.
39. Köln 1993. 斯波照雄「ハンザ都市の商業構造—北海・バルト海における塩
とビール—」斯波照雄／玉木俊明編『北海・バルト海の商業世界』悠書館,
2015 年, 93 頁。

2. 三十年戦争期のハンブルクの経済事情——近代都市化の原点

　オランダ（ネーデルラント Nederland）やイギリスの商人のハンザ圏での商業活
動の活発化は 16 世紀前半にはハンザの商館貿易を危うくさせ, 併せて北欧デ
ンマーク, スウェーデンのハンザ商業圏における政治経済的干渉は, ハンザ自
体の急速な衰退へと導いていった[12]。しかし, ハンザ商業についていうならば
16 世紀においてすら高い水準にあり[13], ハンザ都市の大部分, 特に大港湾都
市は, 商業動向から見る限りなお繁栄期と評価できるともいわれるのであ

る[14]。このように，15 世紀を峠として，停滞から衰退に向かうハンザに対し，個々のハンザ都市は 16 世紀に入っても活発な経済活動を続けており，それは現在の各都市の基礎になっているように思われるのである。そして 17 世紀前半の三十年戦争はそうした中で，ハンザの終焉，ハンザ都市の現在へとつながる原点でもあるように思われる。しかし，ハンザが終焉を迎えたこの時期に関するハンザ史研究者の研究蓄積は多くはない。

　「同盟」を結んだハンブルク，リューベック，ブレーメンの 3 都市が協力，協調して各都市の発展を模索したと考えられるが，それまでにも増して以後の北海，バルト海地域の経済動向はイギリス，フランス，オランダという中央集権国家などの影響が大きくなり，これら 3 都市に限ってみても各都市は個別の環境にあり事情も異なる。それぞれの都市の動向とその商業動向等各側面からの個別研究の成果とその集積が必要であろう。

　三十年戦争以後，現代の発展に直接つながると思われる 17 世紀後半以降のハンブルクの経済動向，市の発展について検討する上で，長期かつ大規模で広範な地域を巻き込んだ三十年戦争の時期のハンザ都市についてはこれまであまり検討されてこなかった。それは，戦時の史料の不足に加え，戦争の開始期当初より戦場となったメクレンブルク Mecklenburg や 1630 年以降戦場と化したポメルンのように，著しく人口減少を引き起こした訳でもなく[15]，ハンブルクをはじめリューベックやブレーメンではむしろ経済的には繁栄を継続しており，外見的には少なくとも大きな被害を受けなかったように見え[16]，いわば戦争という障害が感ぜられず，戦前から戦後へと経済的繁栄が直接継続しているように見えることにもよるのであろう。しかし，三十年戦争はいわば中世的な商業ネットワークの結節点として繁栄した中世ハンザ都市が近代都市に至る転換期であったともいえるのではなかろうか。17 世紀前半には周辺環境の変化とともにこれら主要なハンザ都市においても様々な変化が生じていたのではないかと考えられるのである。それは以後の各都市の経済動向と関連することでもあろう。そこで以下では，三十年戦争期におけるハンザ都市を取り巻く環境を概観した上で，ハンザ都市の中でもとりわけ大都市に成長していくハンブル

クの商業の動向ならびに財政の動向から三十年戦争が近代ハンブルク市の発展，形成に与えた影響について検討する[17]。

16世紀初頭に始まった宗教改革は，市やリューベックを混乱させただけでなく，ハンザ商業圏を宗教的のみならず政治経済的にも混乱させた。すなわち，ハンザ圏でも新教特にルター派が広まったハンザ都市や東方地域に対しケルンを中心とする地域の都市群は旧教にとどまるなどハンザは宗教的にも分裂したのであった。1530年にはハンブルクは新教側のシュマルカルデン同盟に参加し，1546～47年にはシュマルカルデン戦争に参戦した。

また，ハンブルクは1567年，1611年には，ハンザと対立するイギリスのマーチャント・アドヴェンチャラーズ Merchant Adventurers の進出を認め，特権を付与した[18]。都市間でも対オランダ紛争では1530年代にはハンブルクが中立的立場をとってリューベックに離反するなど，ハンザの中核的都市間の対立はハンザの弱体化に拍車をかけ，16世紀中葉にはハンザをリューベック，ケルン，ダンツィヒ，ブラウンシュヴァイクを中心とした4地域に区分して再団結を期したが，ほとんど効を奏さなかった。1554年にはブラウンシュヴァイク公がハンブルクの市域内のベルゲドルフを占領し，1558年にはハンザにとって重要なネーデルラントの交易港が封鎖された。1561年からはズント海峡での通過船への課税が開始された。さらに1562年にはデンマークに市の船舶が拿捕されるなど市の周辺事情は改善されなかった。そうした中でハンブルクは，人口増と穀物不足にともなって穀物価格が高騰していたイタリアに穀物を輸出して経済発展を目指し，ハンザもまたスペインとの商業に生き残りをはかっていくが，それはスペインと対抗関係にあったイギリスとの新たな軋轢を生むこととなったのであった[19]。

ハンブルクではすでに1570年代には1,000人，1585年以降には2,000人にものぼる多数のオランダ人が移住，居住していたといわれるが[20]，17世紀にはスペイン，ポルトガルから追放されたユダヤ人を受け入れ，外国人受け入れ規定が整備された1617年には，市内に約100人のポルトガル人が居住し，イベリア貿易に従事して，主に香料や砂糖を輸入していたことが知られてい

る[21]）。同世紀の前半にはオランダからの植民地物産貿易が活発となり，425 家族のオランダ人がハンブルクに居住していたことも知られている[22]）。こうした外国人の居住，貿易への従事がハンブルクの発展に寄与したことは事実であろう。例えば，1590 年にブラジルからの帰港船がハンブルク市民 3 人，オランダ人 2 人，ポルトガル人 1 人の所有であり，外国人にもハンブルク商人と同等の企業経営，外国人同士の取引も認められており，1609 年の文書にはハンブルク商業は諸外国商人の掌中にあったと記されている[23]）。

　他方で三十年戦争開戦前夜の 1617 年，エルベ河河口でデンマーク王クリスチャン Christian 4 世が関税の徴収を始め，ハンブルクの自由貿易を妨害し始めるなど内外に問題が山積する状況であったが[24]），なお，商業の活力を維持し続けることができたのは，外国商人の積極的な受け入れ，商業活動の自由を認めたことが大きく影響しているのではなかろうか。それは，リューベックが外国商人の受け入れに否定的であったのと対照的であり，以後のハンブルク発展の前提になったともいえよう[25]）。

　17 世紀初頭のハンザ都市とデンマークとの敵対関係は厳しく，1611 年，15 年のデンマークによるハンザ都市ブラウンシュヴァイクへの攻撃に対してリューベック，ブレーメン，マクデブルクとともにハンブルクも出兵し戦った。デンマークのほかスウェーデン，スペイン等がバルト海の支配権をめぐり対立し，その戦闘は 1618 年に始まる三十年戦争へとつながった。その中で常備軍をもたないハンザとしては中立を保つ以外なかったものと思われる。

　三十年戦争開始当初から 1630 年にかけてメクレンブルク，ポメルンが戦場となり，その後戦場はドイツ領域全体に広がった。1635 年のフランス軍の参戦以来，略奪行為などは一層ひどくなり，農村の疲弊は著しいものであったという。この戦争期間の都市人口の減少が 25 ～ 30 パーセント程度と推測されるにもかかわらず，農村では 35 ～ 40 パーセントの人口が失われ，メクレンブルクでは家畜が 1 割以下にまで減少したといわれている[26]）。

　その戦争中の 1622 年にはハンザはノルウェーでの特権を失い，1625 年にはシュレスヴィヒ・ホルシュタインとデンマークとの争いが生じるなど，市の

周辺の混乱はしばらく続いた。近隣のリューベックはデンマークの侵攻に対し，その周辺地メルン，ベルゲドルフ，ラウエンブルクなどに出兵，保守しなければならなかった。旧来のハンザは事実上崩壊していったのであった[27]。ケルンのように直接被害を受けなかった都市でも原料の搬入路や生産品の販路が被害を受け，手工業生産は大きな打撃を受けたといわれている。特にハンザ都市では後背地との関係が妨げられ，ハンザの衰退につながったといわれている[28]。

　1643年にはオランダと結んだスウェーデンがデンマークとの戦争で勝利した結果，ハンブルクの自由貿易を脅かしてきたデンマークによる関税徴収が廃止されるなど，ハンザ都市にとって以後の明るい環境も生まれた。1646年にはブレーメンも帝国都市となり，以後3帝国都市間の同盟は20世紀初頭まで維持されたのであった[29]。

　ハンザの四大商館は，15世紀末以降ノヴゴロド，16世紀中頃にはブリュージュ，16世紀末にはベルゲン，ロンドンの各商館が閉鎖または危機的な状況となり，ハンザの商館貿易は三十年戦争期までに大きな転換期を迎えていた。

　そうした中での17世紀前半のハンブルクの遠隔地商業の概略については以下のようであったという。すなわち，西のスペイン，ポルトガルからはワイン，木の実，羊毛，香料，染料材や植民地物産の砂糖がもたらされ，穀物，造船用木材，布，蠟，食料品が輸出された。16世紀の80年代に本格化したハンブルク商人のイベリア貿易は17世紀に入って活発になった[30]。輸出品の造船用木材はバルト海沿岸地域や内陸地域から，穀物はそれら地域に加え低地地方からも輸入された。内陸やバルト海沿岸地域へは香料，塩，ワイン，砂糖などの西方からの物資が，内陸地方にはそれに加え，魚，布，ビールや乳製品が輸出され，ネーデルラント北部には造船用木材や食料品が輸出された[31]。

　17世紀初頭の三十年戦争の勃発前の1606年から戦争の勃発年1618年にかけてのハンブルクのリューベックへの輸出額は，表3-1のように，おおよそ減少傾向を示し，2,000マルク以下になった。しかし，戦争中でありながら以

後 3,000 マルク前後で推移している。リューベックへの輸出という一例にすぎないが，三十年戦争の勃発の中でも貿易が維持されたことがわかる[32]。表 3-2 のように，ズント海峡の通行船舶数でもオランダが圧倒的に多く，イギリス，リューベックの船舶数には及ばないものの，ハンブルクは 1640 年，57 年を除き戦中戦後を通じて維持されている[33]。

　ハンブルク港への出入船舶数は 1618 年から 47 年まで年毎に増減はあるものの少なくとも減少していない。申告書によれば船舶全体の総積載量は，1610 年の 30,723 ラスト Last（1 ラスト＝ 2 トン）から 25 年には 31,260 ラストに，29 年には 46,512 ラストに漸次増加しており，三十年戦争中においてもハンブルクの商業が進展を続けていたことが推測される[34]。来港船舶を地域別にみると，1625 年時点では船舶数，積載力ともにネーデルラントが他地域に勝

表 3-1　17 世紀初頭ハンブルクのリューベックへの輸出額

（単位：m. ＝リューベックマルク）

年	1606-08	1608-09	1611	1615	1616	1617	1618	1619	1620	1621
輸出額	7,132m.	5,281	2,322	2,932	1,499	1,518	1,967	3,582	3,232	2,985

　（出典）　H. Kellenbenz, Unternehmerkräfte im Hamburger Portugal- und Spanienhandel. Hamburg 1954. S. 101.

表 3-2　17 世紀前半のズント海峡における主要国，都市通行船舶数

（単位：隻）

年	1609	1619	1629	1640	1650	1657
オランダ	2,280	2,771	1,257	1,238	2,095	1,001
イギリス	335	223	201	387	134	89
リューベック	105	76	115	182	132	119
ロストク	185	212	47	40	47	62
シュトラールズント	124	194	59	44	131	14
ハンブルク	44	52	49	—	50	7
ダンツィヒ	31	9	—	88	49	11

　（注）　イギリス船はイングランド船とスコットランド船の合計。
　（出典）　Tabeller over Skibsfart og Varetransport gennem Øresund 1497-1660. Første Del: Tabeller over Skibsfarten. Udgivet ved N. E. Bang. København 1906. pp. 2-22, 26f, 58f, 82f, 122f, 162f, 202f, 242f, 282f, 318f, 358f, 386f. より作成。

り，896隻の船舶が10,590ラストの積載力をもち，全体の約34パーセントを占めた。続いて，船舶数では北西ドイツ地域，シュレスヴィヒ・ホルシュタインの327隻，スペイン，ポルトガル98隻の順になるが，積載力では北西ドイツやシュレスヴィヒ・ホルシュタインよりもスペイン，ポルトガルが勝り，前二地域を合わせても全体の13パーセントほどであるのに対し，6,103ラスト，約20パーセントを占め，大型船舶が多かったことを示している[35]。イギリス，フランスも50隻余りと船舶数こそ少ないが，各船舶の積載力は2,000ラスト以上であり，両者で約14パーセントを占めた。三十年戦争開戦期からの動向では，北西ドイツ地域，シュレスヴィヒ・ホルシュタインや北欧諸国の船舶数にはあまり大きな変化は見られないが，ネーデルラントは1623年の754隻，25年の896隻から32年の1,069隻に確実に増大していった。他方，この時点ではイギリスが50隻から70隻程度，フランスは1624年には86隻，25年には65隻を記録しているが，それ以外の年では20隻前後と少なかった。スペイン，ポルトガル船数は，1623年にはイギリスの3倍，フランスの5倍であったが，以後一時回復の兆しを見せたものの，概ね低下傾向にあり，1633年にはイギリスよりも少なくなった[36]。市に入港した船舶数では1633年にはオランダが994隻に対しイギリス，フランス船は合計でも83隻にすぎず，オランダ船はイギリス，フランス船よりも小さな船舶であったとはいえ圧倒的に多数を占めた[37]。1625年のハンブルク船による貿易も1/3がオランダとのものであったという[38]。17世紀前半の三十年戦争期からハンブルクでは植民地物産の流入が増大し[39]，その植民地物産の中継地の一つでハンブルクへの主要輸出港ボルドーBordeauxには1640年から46年には159隻，1672年から78年には90隻のハンブルク船が入港したという[40]。

　ハンブルクにおいて輸出入された具体的な商品としては，年によって変化はあるが，穀物の占める割合は大きく，1625年にはハンブルクに寄港した船舶の可能積載量の22パーセントを占めている。品目としては大麦，ライ麦が多く，最大の供給地はダンツィヒであり，おそらくはヴァイクセル河流域等から集められたものであろう。最大の輸出先はネーデルラントで，さらにその一部

表3-3　17世紀前半のバルト海からのハンブルク船の年平均穀物輸送量

（ズント海峡通過量，単位：L.＝ラスト）

年	1611–20	1621–30	1631–40	1641–50	1651–57
大麦／小麦／ライ麦	499L.	696	2	529	216

（出典）　Tabller over Skibsfart og Varetransport gennem Øresund 1497-1660. Anden Del: Tabeller over Varetransporten A. Udgivet ved N. E. Bang. København 1922. pp. 264ff.

は食料不足の生じた南欧等に再出荷されたと推測される[41]。造船用木材は，1623年の記録では主にノルウェー，スウェーデンから大量にもたらされているが，1629年にはその両国輸出総量の約2倍がノルウェーよりもたらされている。当時これを用いて多くの船舶が建造されたと思われる。それは船舶関連の商品の取引からも推測可能である[42]。しかし，1630年代に入るとズント海峡の通行税台帳には1631年から42年の間バルト海からのハンブルク船による穀物輸送の記録はほぼなく，急減したことが推測される（表3-3参照）。

　肉，魚類やワイン等食品のうち魚類では圧倒的にネーデルラントとの取引が多く，北西ドイツの沿海地域がそれに続くものの多い時でも1/5程度にすぎない。また，西方からは塩，植民地物産としては胡椒，肉桂，生姜，ウイキョウなど様々な香料や砂糖がもたらされたが，砂糖については1620年代から30年代においてスペイン，ポルトガルからのものが圧倒的に多かった点では変わらないものの，その量は次第に減少していく傾向があった。逆にわずかながらネーデルラントによるものが増加している[43]。バーシュによれば，1625年にはハンブルク船と積荷の約1/3がネーデルラントへ向けて出港しており，1647から48年にかけてハンブルクを出港した1,743隻のうち956隻がネーデルラントに向かったという[44]。そうした状況下で，植民地物産の集散港ボルドーにおけるハンザ船は1640年から46年の間に200隻であり，そのうち159隻がハンブルク船であった[45]。

　そのほか戦闘によって破壊された建築物の再建，補強のために必要な木材，石材等建築資材，戦闘に必要な弾薬や弾丸，硝石や硫黄等戦争関連の物資，武器，武具やそれらの原材料となる鉱石，金属等の輸出入も多い[46]。

以上のように三十年戦争期にハンブルクの貿易は成長，拡大したと考えられるが，それは，15 世紀中頃から 16 世紀初頭に多少減少していた関税収入の総額が 16 世紀末から三十年戦争終末期にかけて 4 倍弱にも増加していることからわかる。その増加は，穀物，製粉，ビール，家畜，ブランデー，ワイン等幅広い生活物資等への関税徴収の結果ではあろうが，順調に貿易が拡大したことによるといえよう。それはエルベ河における水門や灯台の維持管理のために早くから設けられていた船舶を対象としたヴェルク関税も同様に 16 世紀末から三十年戦争勃発期，終末期へと 4 倍弱に増加していることからも明らかである（表 1-3 参照）。商業活動は 16 世紀初頭の停滞期があったとはいえ，15 世紀中頃以降関税収入の割合は全歳入における約 10 パーセントを維持し，特に 17 世紀には全税収の 20 パーセント以上を占め，17 世紀中頃には関税額は 100,000 マルクを超えるなどほぼ順調に成長したのである。それと並行して財政規模も拡大したことからは，市経済もまた紆余曲折を経つつもおおよそ順調に成長していったことが推測できるのである[47]。

　直接税である財産税の税収は 1603 年に資産額 100 マルクにつき 5 シリングから 4 シリングの課税へと税率が軽減されたにもかかわらず，1563 年から 1630 年には 6 倍以上にも増加した[48]。しかし，直接税は市の歳入全体に占める割合は表 1-2 のように以後 10 パーセント台に低下した。居住家屋以外にも財産を有する富裕市民に対する特別財産税が 1634 年に値上げされ，三十年戦争前半期には外国人税，人頭税なども徴収され[49]，財政強化がはかられた。その結果，直接税が歳入に占める割合は 1630 年には 20 パーセント，以後も 19 パーセントとなり，直接税総額では三十年戦争前に比べ，戦時期にもかかわらず 78,000 マルク余から 210,000 ～ 250,000 マルクへと増加したのである。他方，間接税（消費税等）の額はそれ以上に増加し，16 世紀中葉には以上のような財産税などの直接税の総額に近づき，17 世紀に完全に逆転した（表 1-2, 1-3 参照）[50]。しかも，三十年戦争前の 17 世紀の第 1 四半期では間接税が直接税をわずかに上回るだけであったのに，戦時中に間接税は割合を増加し続け，戦争後半期には両者は 6 対 4 の割合になったのである[51]。

　消費税等の間接税は，居酒屋税から 1553 年には市民消費税へと変更される
などの変化があったにせよ，16 世紀初頭から中葉にかけて急増し，間接税に
よる歳入は 6 倍に増加している[52]。ビール関連の消費税は，ビール品質の向
上，醸造費の低下による輸出の増加[53]，人口増加による消費の増加とも関連し
て，以後も 16 世紀初頭から中葉にかけての時期から後半に向けて倍増し，さ
らにそれから 17 世紀初頭に 3 倍に，17 世紀中頃にはそれから 5 倍にと急激
に増加した。すなわち，ビールについていえば，オランダのビール生産によっ
て一時停滞したハンブルクのビール醸造業であったが，安定した量の生産によ
る低価格の実現，かつ良質のビール生産への継続した努力の結果順調な発展を
遂げ[54]，そしてドイツ都市全体では戦争によって 33 パーセントもの人口減少
が生じる中[55]，表 3-4 のようにハンブルクでは三十年戦争前には約 40,000 人
であった人口が，戦争後の 1680 年には約 58,000 人に増加したと推定されて
いる[56]。このように何よりもハンブルクの人口増加によって市内におけるハン
ブルク産のビールの消費は増大したと考えられるのである[57]。16 世紀後半以
降の課税強化とも相まって 1564 年に復活したビール消費税収入は間接税の約
半分[58]，直接税と間接税の合計額の 21 パーセント以上を占め，三十年戦争期
にはビール消費税のその割合は 30 パーセントを超えるに至っており，1620
〜 30 年には全税収額の 34 パーセントを占めていたのである[59]。ビール醸造
業の発展は間接税収入の増加に大きな役割を果たし，税収全体にも貢献したと
いえよう（表 1-3 参照）。

　他方で消費税の課税強化は一般市民の生活を圧迫することにもなったであろ
う。ハンブルクの穀物価格はもともと価格の高かったミュンヘン München，フ

表 3 - 4　ハンブルクの人口

年	1500	1600	1680	1710	1787	1980
人口	約14,000人	約40,000人	約58,000人	約76,000人	約100,000人	約170万人

（出典）　W. Bohehart, . . . nicht brothlos und nothleidend zu hinterlassen. Untersuchungen zur Entwick-
　　　lung des Versicherungsdankens in Hamburg. Hamburg 1985. S. 14. Vgl. H. Schllling, Die Stadt in
　　　der frühen Neuzeit. Enzyklopädie deutscher Geschichte. Bd. 24. S. 2-17.

ランクフルト Frankfurt a. M. ほどではなかったが，ドイツ領域全体と同様に1610年代までに比べ，三十年戦争勃発後の20年代には2倍弱にまで大幅に上昇したといわれ，それは消費税の増税の結果とも考えられるのである[60]。こうしたことからは，ハンブルク市民の生活状況は全般的に厳しい状況に進みつつあったとも思われるのである。

レンテ売買総額は16世紀の初頭には低下するものの，以後増減を繰り返しつつ1540年代まで上昇を続ける[61]。事実上の市の借入金である市債の発行残高は15世紀末まで減少傾向にあったが，おそらくは封建権力者への財政援助要請に応じた結果，再び上昇に転じ，16世紀後半には多額の負債を抱えることとなった（グラフ1-2, 1-3参照）。

歳出では，借入金の増大に対応して，借入金利息関連の支出が16世紀を通じて高水準となり，また，封建権力者への貸付金も急増している。軍事費支出は，宗教改革期以後のシュマルカルデン同盟と関連した高額支出の後，16世紀後半には5〜6パーセントであった。しかし，三十年戦争期には軍事費と関連した都市の防御施設の充実に向けた支出は前半の25年までに集中的に投入され，兵士への支出は逆に26年以降の支出が前半期の6倍にもなり，兵力は戦争後半に集中して強化された。それとともに外交費用である渉外費も後半期に前半の10倍にも達した[62]。軍事費支出は支出総額の三十年戦争の前期1620〜30年には50パーセントに，1630年には100万マルク余，60パーセントを占めるに至り，市債発行残高はそうした軍事費の増大によりさらに急上昇していったと考えられるのである[63]。三十年戦争後半の1631〜50年にはわずかな軍事費総額の増加はあったが23パーセントにまで低下した。しかし，表3-5のように17世紀前半において借入金総額が返済金を約130万マルクも上回っており，市財政は歳出超過の状況があったと思われる。そうした中で，事務管理出張費等の支出割合がほぼ一定である点からは市の健全な運営が感じられるし，公共施設の建設や河川等の維持管理費等が16世紀後半から三十年戦争勃発期まで25パーセント前後の高い割合を維持しており，以後17世紀には10パーセント台に低下するものの，額は9倍にも増加するなど，そ

表 3 - 5　ハンブルクの借入金と返済額

(単位：m.＝リューベックマルク)

年	1601/5	1606/10	1611/15	1616/20	1621/25	1626/30
借入額	366,523m.	34,260	234,688	1,322,453	844,359	1,188,452
返済額	167,658	587,577	366,648	173,537	666,283	643,585

1631/35	1636/40	1641/45	1646/50
1,928,285	1,557,835	2,119,439	338,160
1,497,620	1,234,397	1,701,005	1,600,291

1601 年〜 1650 年の借入金合計 9,934,459 −返済金合計 8,638,605 ＝ 1,295,854 マルクの歳出超過

(注)　シリング以下は切り捨て。

(出所)　J. F. Voigt, Die Anleihen der Stadt Hamburg während der Jahre 1601 bis 1650. Zeitschrift des Vereins für hamburgische Geschichte. Bd. 17. 1912. S. 227.

こからは市が管理する地域の拡大，施設等の充実，補強が推測されるなど市の経済力の増強も見られる（表 1-5 参照）。

3.　17〜18 世紀におけるハンブルクの経済事情──近代都市化の過程

18 世紀に入ると旧来の規定に基づいて生産されてきたハンブルクのビールは，積極的に新しい技術を取り入れて生産された安価で良質な近隣地域等のビールに敗北していったのである[64]。18 世紀初頭にはワイン，中頃からはコーヒー，紅茶，ブランデー等多様な嗜好品が大量に流入し，それまで圧倒的にビールに依存してきた生活を，多様な飲料を消費する生活に変化させ[65]，以後さらに市のビール醸造業を衰退へと追い込んだと思われる[66]。北ドイツではビールは「生活の潤いと糧」といわれ[67]，市内の有力商品としてハンブルク市での生産も盛んであったが，もはや旧来からの限定された醸造者による厳格な規定の下でのビール生産がその価格低廉化，品質向上の弊害となる状況下で，市外各地からのビールが大量に流入するようになっただけでなく[68]，こうした市民生活の変化が市のビール醸造業の急激な衰退をもたらした。ビール消費税収入も 1711 年から 20 年には，外地産ビールにかけられた市内産ビールの 2

表 3-6　近世ハンブルクのビール消費税

（単位：m. ＝リューベックマルク）

	1675-85年平均	1685年	1711-20年平均	1810年
ビール消費税額	197,000m.	270,000	131,000	50,000

（出典）　W. Bing, Hamburg Bierbrauerei vom 14. bis zum 18. Jahrhundert. Zeitschrift des Vereins für hamburgische Geschichte. Bd. 14. 1908. S. 315, 326. より作成。

倍の消費税を含めても 131,000 マルクに減少している[69]。1751 年には醸造規定が改定され，ついに旧来のビール醸造に関する厳しい規制は解除された。19 世紀に入ると，1810 年には 17 の醸造所において，それぞれ近代的施設への転換が行なわれ，規模も 18 世紀のほぼ倍になったといわれるが，他の飲料消費の増加によりビールの消費は減少し，その消費税歳入は 50,000 マルクから 53,000 マルクであり，1 世紀前の半分にも満たなかった（表 3-6 参照）[70]。ヴィスマールでもビール醸造業の衰退はハンブルクよりも早く，17 世紀末以降輸出用ビールの醸造回数は急速に減少し，市の参事会から醸造業者は消え去っていったのである[71]。

　ハンブルクでは 17 世紀末頃には以前にも増して醸造業は大商人の下で展開されたといわれている[72]。その大商人たちはむしろビールよりも諸外国産のワインや植民地物産の紅茶，コーヒー，砂糖等に利益を求めるようになったのではないかと思われる。すなわち，外洋からエルベ河を約 100 キロメートルも遡った河口の港ハンブルクが植民地物産の集散地となったのは，外洋からはるかに内陸に入り込んだフランスワインの産地ボルドーに植民地物産が集まり，ワイン流通網が植民地物産の流通網として機能したように[73]，ビールと関連して成長してきた流通網が，新大陸から流入する大量の新商品など多様な商品の流入に対応したものへと移行，拡大していったからではなかったかと考えられるのである[74]。

　1700 年代初頭以来，近隣港からのワインが急激に流入し，1703 年には 970 バンコマルク Mark Banco（以下 Mk. と略す）であった輸入額は 1705 年には約 100 倍の 103,647Mk. に増加した[75]。以後近隣地域からもたらされるワインは

表 3-7　ハンブルクのワイン輸入

（単位：Mk ＝バンコマルク）

年	1703	1706	1713
ワイン輸入額	399,400Mk.	591,891	704,826

（出典）　E. Baasch, Zur Statistik des Ein- und Ausfuhrhandels Hamburgs Anfang des 18. Jahrhunderts. Hansische Geschichtsblätter. Bd. 54. 1929. S. 113.

表 3-8　ハンブルクのワイン消費税収入

（単位：m. ＝リューベックマルク）

年	1700	1705	1706	1710	1715	1720
ワイン消費税	11,493m.	10,905	58,951	23,269	37,128	69,520

（出典）　E. Baasch, Weinakzise und Weinhandel in Hamburg. Zeitschrift des Vereins für hamburgische Geschichite. Bd. 13. S. 137.

減少するが，1703 年にはすでに約 400,000Mk. にも達していた。ワイン全体の輸入額は増加をしていく（表 3-7 参照）[76]。1706 年の課税強化の影響が大きいとはいえ，表 3-8 のようにワイン消費税が 18 世紀初頭以降増加する[77]。市内消費の増大とならんで旧来のビールの流通網を利用した中継あるいは再輸出も増大したであろう。すでに触れたようにハンブルクではビールの販売と関連したネットワークが植民地物産の再輸出上重要な役割を果たしたのではないかと考えられるのである[78]。同時にビールを輸出していた商人層がワイン，特にボルドーからのワイン輸出に転じていくことも十分に考えられることである。

　17 世紀末以降ハンブルクに流入してきた近隣のビールに屈した市のビール醸造と関連した大商人の以後の動静は明らかではない。衰退していく産業およびそれと関連した商業，他方新たに成長してくる貿易，それらの研究はそれぞれ行われてはいるが，両者の関連を問う論考は見当たらないのである。今後の課題であろう。しかし，ビールの輸出から次にはワイン，さらには植民地物産と中心となる取扱商品は変化していくが，18 世紀にはハンブルクでは多くの商社が設立され，例えばハンブルク商人としてはツェンツナー J. Zentzner が大規模な手形取引とともに植民地物産を取り扱っていたし，銀行家，シックラーG. Schickler のように銀行家であると同時に精糖工場の経営者になる者も登場

101

するなど，その時々で旺盛な経済活動を展開していたのである[79]。ハンブルク
ではビール工場が精糖工場に転化したともいわれている[80]。ビール流通網は，
ワインの中継や再輸出さらには植民地物産の流通網としてそうした商人によっ
て改善されつつ利用され，その結果ハンブルクは植民地物産の集散地として以
後の急速な発展につながっていったのではないかと思われるのである。

　表3-9のように1678年にはイギリス，スペインがオランダと並ぶ植民地物
産取扱国となり，18世紀初頭にはイギリスが植民地物産の約半分を扱うに至っ
たのである。17世紀後半から18世紀中頃にかけて，市の輸入額はイギリスか
らは8倍弱，フランスからは15倍以上へと急増した。ロシアも約6倍の増加
を示しているが，イギリス，フランスの1/4にすぎず，ブラジル物産の輸入が
増大したポルトガルではあったが，さらにその半分以下であった。他方でスペ
インからの輸入額は減少し，ポルトガル以下になった。17世紀中葉には多く
のハンブルク船がボルドー港に入港していたことが知られているが，1730年
代からフランスのボルドーとハンザ都市間の交易は拡大し，特に1740年頃か
らハンブルクへの植民地物産輸出は増大した[81]。船舶数から見てもその頃から
オランダ船が急減し，イギリス，フランス船が増加した結果，両国の船舶総数
はオランダ船数に近づき，1751年にはイギリス，フランス船の入港数は100
隻以上も多くなった。フランスからの輸入が増加したのはボルドー経由の植民
地物産，例えばコーヒー等の増加によるものであろう。18世紀中頃には特に
フランスからの物資流入の増加が顕著であり[82]，以後，ハンブルク港への入港
船舶数が約2,000隻にも達する中で[83]，フランス革命期に向けてフランスから
ハンブルクへの貿易輸入額は全体の5割を超えていく。逆に，オランダから
のハンブルクの輸入は1789年には10パーセント以下に，入港船数の割合は
20パーセントに低下した[84]。

　ハンブルク船による植民地物産のズント海峡経由による再輸出は，表3-10
のように18世紀の20年代まではわずかであり，例えば北方戦争との関連で
北欧地域の交易の安全が確保されなかったと思われる1701～1714年には取
引の記録はほとんどない。北欧の政治的安定が確保される中でハンブルク船に

表 3 - 9　ハンブルクの植民地物産取扱主要国からの輸入額

（単位：1,000 バンコマルク）

年	1678		1703		1706	
イギリス	1,362.2	23.6%	2,730.9	50.6%	3,253.3	53.3%
フランス	747.6	12.9%	273.7	5.1%	334.1	5.5%
オランダ	1,206.3	20.9%	—		—	
スペイン	1,362.4	23.5%	479.3	8.9%	975.0	16.0%
ポルトガル	469.1	8.1%	984.6	18.2%	350.2	5.7%
地中海地域	157.3	2.7%	220.1	4.1%	246.8	4.0%
ロシア	477.5	6.3%	710.0	13.1%	945.0	15.5%
計	5,782.4		5,398.6		6,104.4	

	1713		1751		1760-80 年代
	2,283.8	43.3%	12,707.2	33.7%	14-18%
	1,109.6	21.0%	13,812.2	36.6%	51-60%
	—		3,314.9	8.8%	7-10%
	663.1	12.6%	1,105.0	2.9%	
	968.2	18.4%	1,657.5	4.4%	14-17%
	248.0	4.7%	1,547.0	4.1%	
	—		3,591.2	9.5%	6-8%
	5,272.7		37,735		

（注）　1760-80 年代のみ全体の割合。

（出典）　M. North, Von der Atlantischen Handelsexpansion bis zur den Agrarreformen（1450-1815). Hrsg. v. M. North, Deutsche Wirtschaftsgeschichte. München 2005. S. 150.

　よる海峡経由の植民地物産輸出は 1720 年以降本格化し，また，ハンブルクからの各国船による植民地物産の輸出も 18 世紀中頃には増加し，いずれも同世紀の 60 年代から 70 年代にかけて急増した[85]。

　18 世紀後半にはイギリスが航海条例を発布して植民地貿易の独占をはかるが，ハンブルクはその適用除外を受け，交易を続行することができた[86]。植民地におけるイギリスとフランスの対立は強まり，フランスは西インド諸島における砂糖生産等を積極的に進めていたものの，結局 1763 年のパリ条約でイギリスがフロリダ等を得て北米海域の覇権を掌握した。18 世紀末の 90 年代初頭になると，おそらくはフランス革命の影響によりボルドーからの輸入が急減し，それに代わるようにロンドンからの物資が急増した。それ以降，イングランド，アメリカ合衆国からの輸入割合が増加している。そのうちイングランド

103

表 3-10　ハンブルク船による植民地物産のズント海峡経由年平均輸出量

（単位：1,000 ポンド）

年	1701-10	1711-20	1721-30	1731-40	1741-50	1751-60	1761-70	1771-81
	38	113	1,618	1,073	2,322	3,170	8,792	8,450

（注）　突出した数値を示す 1771 年を除外して作成。また、ハンブルク船とは船長の居
　　　　住地がハンブルクである船舶。

（出典）　Tabeller over Skibsfart og Varetransport gennem Øresund 1661-1783. Anden Del: Tabeller
　　　　over Varetransporten. Førster Halvbind: 1661-1720. Udgivet ved N. E. Bang/K. Korst.
　　　　København 1939. Andet Halvbind Ⅰ: 1721-1760. København 1945. Andet Halvbind Ⅱ:
　　　　1761-1783. København 1953. より作成。

経由でもたらされるジャマイカ産の砂糖が急増している。だがそれは，90 年
代でも約 10 パーセントにすぎない。しかし，ロンドンから輸入される砂糖の
総額は，1795 年にはボルドーからの総額が減少したことにともない，ボル
ドー経由を超え，以後も増加し続けた[87]。1800 年頃の植民地物産は輸入全体
の 20 パーセント近くにも達したのであった[88]。

　1750 年頃からハンブルクは植民地物産の集散地として台頭したといわれて
いるが，それにはフランスが，続いてイギリスが重要な役割を果たしたことを
示しているように思われる。また，ハンブルクからバルト海地域への海路によ
る植民地物産の輸出は，一時減少したものの，表 3-10 のように 1740 年代に
は約 232 万ポンド余に達し，60 年代にはさらに 4 倍に急増し，総量約 880 万
ポンドにも達したのであった[89]。ハンブルク船は 17 世紀後半以降 50 ラスト
以上の大型船が大半を占めるようになり[90]，ハンブルクの船舶数も 1765 年か
ら 19 世紀に向けて急増してもいたのである（表 3-11 参照）[91]。その後，1796
年には独立後間もないアメリカ合衆国から 239 隻にも及ぶ船舶がハンブルク
港に入港してもいる[92]。ハンブルクでは 18 世紀中頃と後半の不況，経済危機
を経験しつつも，18 世紀末にかけてこのように貿易が進展した結果，表 3-12
のように世紀末には歳入も大幅に増加したのであった[93]。

　さらに，19 世紀初頭のナポレオン戦争後，ハンブルクではブラジル等から
の商品が直送されるようになって，フランス経由の流入割合は減少した。植民
地からの物資と，地中海地域，中欧地域からの工業製品の集散地ともなり，両

表 3 -11　ハンブルク所属の船舶数

（単位：隻）

年	1765	1775	1785	1795	1801
船舶数	134	138	194	213	295

（出典）　F. Kopitzsch, Zwischen Hauptreszess und Franzosenzeit 1712-1806. Hamburg. Geschichte der Stadt und ihrer Bewohner. Bd. 1. Hrsg. v.H. -D. Loose. Hamburg 1982. S. 375f.

表 3 -12　18 世紀ハンブルクの歳入

（単位：m. ＝リューベックマルク）

年	1716	1746	1775	1800
歳入額	3,098,478m.	2,502,266	3,292,849	5,853,511

（出典）　H. Mauersberg, Wirtschafts- und Sozialgeschichte zentraleuropäischer Städte in neuerer Zeit. Göttingen 1960. S. 463.

商品の中継地，交易地としての意義を増したと考えられる[94]。

　植民地物産の主要な再輸出港に成長したハンブルクであったが，社会環境の変化の中で，取引国はオランダからフランス，イギリスへと変化し，そして 18 世紀にはイングランド，特にロンドンとの関係が強化されるなどの変遷があった。1802 年のハンブルク港ではイギリス船が他国に比べ圧倒的に多かったという。輸出先としては，オランダが最大の輸出国であったが，エルベ河上流，特にライプツィヒ Leipzig 等の都市との関係強化も進み，イギリスを中心とする世界の貿易体制の一端を担うハンブルクを中心とする物流システムとして機能していったといえよう[95]。

　ハンブルクの近代への発展過程の原点にはビール醸造業の生産，輸出の発展が関係していたと考えられてきた。しかし，そのビール醸造業は突然に衰退し，それにもかかわらずハンブルクは発展したのである。明らかに近世において経済基盤の転換が関係していたと考えられよう。というのも，ハンブルクと同様に中世後期にビール醸造業が成長し，輸出産業として展開していたバルト海に面した都市ヴィスマールでは 17 世紀にビール醸造業が斜陽化してくると都市経済全体が停滞し，以後その傾向が転換することはなかったからである[96]。

たしかに，ハンブルクは，大西洋に直接つながる北海の最東端のエルベ河に面し，植民地貿易で中心的役割を果たしたイギリスに向かい合い，大陸南部，東部への商品輸送に都合がよく，エルベ河奥地まで広い後背地を有した等の地理的好条件に恵まれていた。大型船舶の入港できる港湾施設を備え，しかも，国家の干渉のない独立した自由都市であり，それに加えて，スペイン，フランスから東方バルト海方面への物資輸送の中継地として格好の位置にある等もハンブルクが植民地物産の集散地として有利な条件であった。他方で，大陸側の港がイギリスとは対抗関係にあったスペイン，フランス，オランダ等中央集権国家の港であったことなどから，イギリスから，あるいはイギリス船によるヨーロッパの大陸向け商品の輸送拠点へと成長したのであった。しかし，それ以上に重視したいのは，ハンブルクは中立の自由都市としてハンザ都市であるにもかかわらず，ハンザとイギリスの戦争中もイギリスとの交易を続け，マーチャント・アドヴェンチャラーズの活動を認め，ユダヤ人を積極的に迎え入れ，それらネットワークを利用した商業を展開してきた点である。市民と外国人の経済活動も広く認められ，オランダ台頭の過程で，植民地物産の集散地としてアムステルダムとともに発展したのも，そうした外国人を含めた自由な居住，自由な経済活動が維持されたその延長線上に，イギリスのロンドンを中心とした植民地貿易と関連したハンブルクの繁栄があるのではないかと思われるのである[97]。その歳入は 18 世紀中頃に一時減少するものの，19 世紀に向けて大きく成長したのである（表3-12参照）。

　また，エルベ河のような河川および運河を利用した内陸輸送の拠点であったことも市の繁栄要因の一つであろう。すなわち，上流にはドレスデン Dresden，ライプツィヒなどの内陸の拠点都市があり，14 世紀末に完成したエルベ河沿いのラウエンブルクからシュテクニッツ運河を利用してリューベックに至る商品輸送など河川，運河経由でバルト海への船舶による物資輸送も可能であったのである。例えば，17 世紀のエルベ河奥地のピルナ Pirna の商人がハンブルクに出入りした際の多様な取扱商品の記録が残されている[98]。おそらくは，菊池氏が指摘するように治安，政策，需要，輸送費，輸送方法，季節等商業条件に

応じて弾力的に選択されたのであろう[99]。エルベ河をかなり上流に遡った地点にあるハンブルクにもたらされた商品を再び北海からユトラント半島を迂回してバルト海へと輸送するよりも内陸河川を利用する方が合理的であったのかもしれない。あるいは，大洋を航行する大型船舶が広い地域を対象とした各種商品をまとめて輸送したのと異なり，ある河川沿いの限られた都市別に商品を輸送するには河川用船舶は都合がよかったのかもしれない。18 世紀中頃にはマクデブルク経由の砂糖の内陸貿易が拡大したことが知られている。1750 年代後半には 80 万フロリンであったのが 1770 年代後半には 140 万フロリンに増加しているのである[100]。同時期にはリューベック経由でダンツィヒにもたらされた植民地物産の砂糖，コーヒーの金額が増大しているが，リューベックまでは内陸貿易路が利用された可能性が高い。こうした内陸輸送は 19 世紀には大きく発展し北部内陸地方は運河網で結ばれていったのである[101]。

　17 世紀初頭には西インド諸島から砂糖がもたらされていたが，砂糖は植民地物産として輸入額の上位を占めるようになり，1730 年代以降その地位は不動のものとなる[102]。1753 年には砂糖は植民地物産輸入額でトップであり，全体の約 1/3 を占めた（表3-13 参照）。砂糖貿易がハンブルクに集中するようになったのは精糖工場が多く立地したことと関連があると考えられる。砂糖はハンブルクにおいて精製後ヨーロッパ各地に輸出されていた。ハンブルクにおいては精糖費用が他の地よりも安価であり，不動産所有など特別な条件等を必要としなかったことなどがその理由といわれている。砂糖貿易を主導したのはユグノー Huguenots たちであったといわれているが[103]，ボルドーからワインを輸入していたハンブルクの商人がボルドーに入荷する植民地物産の輸入商としても事業展開していくことは自然のようにも思われる[104]。世界貿易の展開の中で，ただ，植民地物産を輸入再輸出するだけでなく，それらを加工して再輸出するハンブルクの植民地貿易の背景には，中世以来仲介貿易だけでなく，ビールの醸造，輸出による経済発展を遂げてきた伝統が感じられるようにも思われる[105]。

　18 世紀中頃から植民地物産の集散地として台頭したハンブルクでは，輸入

表 3-13　1753 年のハンブルクの主要輸入品

（単位：Mk. ＝バンコマルク）

	輸入額
砂糖	3,490,955Mk.
ワイン	1,063,141
羊毛	678,995
木綿，綿	508,050
インディゴ	472,075
タバコ	467,700
油	384,414
コーヒー	255,117
その他	3,294,751
計	10,615,198

（出典）　K. Weber, Die Admiralitätszoll- und Convoygeld-Einnahme-
bücher. Eine wichtige Quelle für Hamburgs Wirtschaftsgeschichte
im 18. Jahrhundert. Hamburger Wirtschafis-Chronik. Neue Folge,
Bd.1. 2000. S. 104ff.

額は急増し，ハンブルク船による再輸出も以後 70 年代に向け増加を続け
た[106]。当時のハンブルクの海上輸送用船舶は，ブレーメンの船に比べ小さかっ
たともいわれるが，船舶数は 18 世紀後半から 19 世紀初めにかけて 2 倍以上
に急増し，輸送力は大幅に増大し植民地物産の大集散地へと成長した。それは
以後のハンブルク港の施設の充実につながり，砂糖をはじめ植民地物産の急
増，そしてハンブルク経済の急成長につながるものであったといえよう[107]。

　砂糖貿易では，フランスが，続いてポルトガル，イギリスが重要な役割を果
たしているように思われる（表 3-14 参照）。1760 年代から 80 年代にかけて砂
糖貿易は一時停滞傾向を示したが，1785 年から 90 年にかけてのフランス経
由の西インド諸島の砂糖のハンザ都市，特にハンブルクへの再輸出は重要で
あったとされる[108]。しかし，18 世紀後半には他の植民地物産同様イングラン
ド経由でもたらされる砂糖，特にジャマイカ産の砂糖が急増する。表 3-15 の
ようにハンブルクから内陸のマクデブルク経由南方，東方への砂糖輸出が
1770 年代には大きな金額に成長していることとも関連が推測される。ロンド

表 3-14　1790 ～ 1803 年のハンブルクの砂糖輸入量

（単位：F. ＝樽 Fässer, K. ＝箱 Kisten）

年	1790	1791	1792	1793	1794	1795	1796
フランス	23,428F.	19,885F.	9,083F.	7,156F.	805F.	277F.	291F.
イギリス	4,828F.	4,185F.	13,546F.	8,335F.	33,440F.	33,092F.	25,390F.
ポルトガル	5,572K.	18,658K.	17,613K.	10,820K.	21,597K.	13,872K.	23,286K.

1797	1798	1799	1800	1801	1802	1803
—	—	—	—	—	—	—
30,098F.	36,909F.	33,471F.	25,000F.	30,158F.	42,305F.	43,718F.
34,247K.	22,068K.	24,906K.	20,388K.	36,687K.	24,382K.	8,356K.

（出典）　B. Schmidt, Hamburg im Zeitalter der Französischen Revolution und Napoleons（1789-1813）.
　　　　Teil 1. Beiträge zur Geschichte Hamburg. Bd. 55. Hamburg 1998. S. 745-750.

ンから輸入される砂糖の総額は，1792 年に急増し，さらに 2 年後にはその 2.5
倍にも増加した。それに対し，おそらくはフランス革命とも関連して表 3-14
のように 1790 年代にはフランスからの砂糖輸入は急減し，1795 年にはボル
ドーからの輸入総額が減少した。その結果，ロンドン経由の砂糖は，ボルドー
経由を超え，以後上下動を繰り返しながらも 18 世紀末までほぼ横ばいで推移
し，1802 年以降さらに増加した[109]。

　1790 年から 97 年にかけてポルトガルからの砂糖輸入は 6 倍に上昇してい
る。以後，生産地は西インド諸島に加えジャマイカも輸出地として有力とな
り，ハンブルクへの経由地の中心はポルトガルからイギリスへと変化した。
1790 年から 1803 年までの間にイギリスのハンブルクへの砂糖輸出は約 9 倍
にも増加している。

　このようにハンブルクに砂糖が集中的にもたらされた要因としては前述のよ
うに精糖業の発展があげられる[110]。輸入粗糖を安価に精製する精糖工場が多
く立地していたのである。1727 年には 200 であった精糖工場は，18 世紀中頃
には 350 に，1807 年には 428 となり，砂糖貿易，精製など関連業務には 8,000
～ 10,000 人が従事していたという。精製された砂糖は，ドイツ内陸地方はも
ちろん南方オーストリアや東方ポーランド，ロシアや北方スカンディナヴィア

表 3-15　18 世紀におけるハンブルクで精製された砂糖の内陸経由
オーストリア方面への推定輸出額

(単位：万 Fl. ＝万フロリン)

年	1757/59	1763/69	1770/71	1772	1777	1780	1783	1784
推定輸出額	80	90-95	126	144	140	107	60	48

1785	1786	1787/88	1789	1791	1795
109	141	134-150	122	76-106	95

(出典)　R. Ramcke, Die Beziehungen zwischen Hamburg und Österreich im 18. Jahrhundert. Kaiser-lich-reichsstädtisches Verhältnis im Zeichen von Handels- und Finanzinteressen. Beiträge zur Geschichte Hamburg Bd. 3. Hamburg 1969. S. 206-209.

にも広く再輸出された (表 3-15 参照)[111]。1836 年にはハンブルクの砂糖輸入額は 8,500 万マルクにも達し輸入商品中第一位の商品であったのである[112]。しかし，ハンブルクでは 1799 年に全般的な植民地物産の供給過剰の中，砂糖価格が 30 パーセント程度下落し，さらに 1807 年には 428 あった精糖工場は 1814 年には 70 に減少した[113]。

　砂糖輸入と精糖業は，直接的に現在のハンブルクの発展には結びつかなかったかもしれないが，新たな商工業展開が可能な経済的基礎を形成したとも考えられるのである。

　世界貿易の発展に呼応してハンブルクにおいて砂糖と同様に重要な植民地物産としてコーヒーの輸入が 1730 年代以降急増し，40 年代以降砂糖に次ぐ植民地物産として定着する[114]。18 世紀末に向けてフランス，ポルトガルからの輸入量が増し，ハンブルクはドイツにおける最大のコーヒー輸入港となった。1789 年のフランスからの最大の輸入商品はコーヒーであった[115]。フランス革命後はロンドン経由が主流となり[116]，コーヒーの輸入量は 18 世紀の末に一時頂点を迎える (表 3-16 参照)。以後，ナポレオンの大陸封鎖などにより輸入量は減少したと思われるが[117]，表 3-17 のように 18 世紀末に急上昇した市の関税収入額は，1854 年に関税額が引き下げられたにもかかわらず上昇傾向にあり，ハンブルクのコーヒー貿易が以後活発に展開していったことを示している[118]。かつて毛織物の仲介貿易では内陸商業路が重要な役割を果たしてきた

表3-16　ハンブルクのコーヒー輸入量

（単位：百万ポンド）

年	1791	1792	1793	1794	1795	1796	1797	1798	1799	1800
コーヒー輸入量	21.5	21	26	38	42	39	40	45.5	45.5	40

（出典）　U. Becker, Kaffee-Konzentration. Zur Enwickulung und Organization des hansischen Kaffeehan-del. Beiträge zur Unternehmensgeschichte. Hrsg. v. H. Pohl. Bd. 12. Stuttgart 2002. S. 68, 85.

表3-17　ハンブルクの関税収入

（単位：m. ＝リューベックマルク）

年	1603–19	1631–50	1716	1746	1775	1800
関税収入	79,705m.	169,246	212,793	240,177	198,705	748,867

（注）　複数年の金額は年平均額

（出典）　F. Kopitzsch, Zwischen Hauptrezess und Franzosenzeit 1712-1806. Hamburg. Geschichte der Stadt und ihrer Bewohner. Bd. 1. Hrsg. v. W. Jochmann / H. -D. Loose. Hamburg 1982. S. 374. K. Zeiger, Hamburgs Finanzen von 1563-1650. Hamburger wirtschafts- und sozial-wissenschaftliche Schriften. Heft 34. Rostock 1936. S. 51-134.

と思われるが，コーヒーや砂糖は嵩高商品として東方バルト海方面には海路ズント海峡経由で再輸出されたと思われる[119]。

4.　中世ハンザ都市の近代都市への道程

　リューベックの貿易を考える上で船舶の建造動向やその積載力の変化は重要な問題であろう。リューベックでは市民生活に必要な生活必需品の生産以外の際立った市内生産品としては造船業があげられよう。三十年戦争前の1560年から1600年に至る40年間で平均120トン程度の積載量の船舶2,450隻，総積載量約149,000ラスト（約298,000トン）が建造されていたという[120]。以後さらに大型化する船舶の建造は継続されたが，リューベックの造船業は17世紀後半以降停滞から衰退に向かったと思われる。それはリューベックの貿易の動向と重なる部分があるように思われるのである[121]。

　表3-2のように，ハンザが終焉を迎える17世紀初頭の三十年戦争勃発に至

る時期ならびに戦争開始期におけるリューベック船のズント海峡の通行数は，その東方に位置する中堅ハンザ都市ロストク，シュトラールズントとともに多く，さらに三十年戦争の終盤にはリューベック船は増加している[122]。17世紀初頭リューベックでは外国人同士の直接取引を禁じて商品がただ通過することを禁じ，外国人が都市外で仕入れた商品はリューベック市民の手を通さなければならないという規定が制定されたことが，自由な貿易を行なっていたハンブルクと比較して以後の発展には障害になったともいわれているが，三十年戦争時にはズント海峡経由の東西貿易の船舶数から見る限り，なおリューベックはハンブルク，ダンツィヒなどの主要ハンザ都市をリードし，その商業も停滞してはいなかったと考えられるのである[123]。

　中世においてリューベックにとって極めて重要な商品のリューネブルク塩の輸出量を示すリューネブルクからリューベックに至るシュテクニッツ運河のシュテクニッツ関税は16世紀初頭には明らかに減少している[124]。しかし一方で，表3-18のようにリューベックはフランスなど西方からの塩貿易に参入し，17世紀末まではその輸送量はオランダ，イギリスに次ぐものであったことが，ズント海峡の通行税台帳から明らかになる。だが，17世紀末にはダンツィヒの塩輸送量が増加し，塩の総輸送量が増加する中でも1710年代には11パーセントとなり，1740年代から60年代まで10パーセント以上を維持するなど全体に占める割合も増した。さらに，1721年の北方戦争の終焉後にはスウェーデンの塩輸送量が急増し，1730年代以降20パーセント以上を維持するに至ったのである。18世紀後半，オランダが塩貿易では中心的役割を果たして輸送量を維持し，スウェーデン，ダンツィヒが急増する中でリューベックの塩輸送量は減少していったのである。すなわちリューベックは18世紀前半に一時1,100ラストを超える輸送を行ない，中頃には一時1,550ラストの輸送をするまでになったが，18世紀後半以降急減し，60年代には全体の1パーセント以下の輸送量になった。ハンブルクの塩輸送量はもともと多くはなかったが，17世紀後半から18世紀初頭まで減少を続け，1720年代に一旦回復するものの以後も少ない輸送量で推移していた（表2-7参照）。16世紀末のシュト

表 3-18　リューベックとシュトラールズントによるバルト海への塩の
ズント海峡年平均輸送量

(単位：ラスト)

年	1661-70	1671-80	1681-90	1691-1700	1701-10	1711-20
リューベック	1,485	1,765	974	596	633	1,106
シュトラールズント						
全体	18,954	25,750	24,936	21,285	18,632	22,981
リューベック / 全体	7.8%	6.9%	3.9%	2.8%	3.4%	4.8%
	1721-30	1731-40	1741-50	1751-60	1761-70	1771-80
	1,306	681	1,555	645	217	280
	131	185	400	153	252	259
	26,246	26,635	35,290	33,886	38,153	37,991
	4.9%	2.6%	4.4%	1.9%	0.6%	0.7%

（注）　イギリスはイングランドとスコットランドの合計額。ただし，1661-80，1733，
　　　1735-37，39 年はイングランドのみ。

（出典）　Tabeller over Skibsfart og Varetransport gennem Øresund 1661-1783. Anden Del: Tabeller
　　　over Varetransporten. Førster Halvbind: 1661-1720. Hrsg. v. N. E. Bang / K. Korst. København
　　　1939. Anded Halvbind I: 1721-1760. København 1945. II: 1761-1783. Københaven 1953.
　　　より作成。

ラールズントの塩輸送量は少ないながらも年平均では一定の数字を示していた
が，以後停滞した。輸送量を増加させるのは 1720 年代からで，60 年代には
リューベックを超えた。ハンブルクの塩貿易と比較してはるかに重要であった
と思われるリューベックの塩貿易は，18 世紀後半に停滞から衰退へと移行し
つつあったと考えられ，それはリューベック経済の停滞の一因となったであろ
う。

　リューベックによるバルト海から西方への塩と同様に生活必需品である穀物
の輸送量は，表 3-19 のように 17 世紀中頃から 18 世紀中頃まで 10 年毎の増
減を繰り返し，その後 18 世紀末に向け安定から増加へと転じるが，総量に対
して多くはなく，塩貿易ほど重要ではなかったと思われる。17 世紀前半に西
方への穀物貿易がズント海峡の通行税台帳に毎年記録されるようになったロス
トクの穀物取扱量は 17 世紀中頃から後半にかけて一時リューベックを上回る
数字を示し，以後 1730 年代まではリューベックを下回る輸送量で推移してい

た。しかし，それは18世紀中頃以降リューベックを超えるようになり，1760
年代にはリューベックの3倍余に，また70年代には1,000ラストを超えるに
至ったのである。また，シュトラールズントも18世紀初頭まで極めて少ない
輸送量であったが，1720年代には一時リューベックの3倍余に増加し，ロス
トク同様1760年代以降リューベックを超える輸送量に成長したのである。す
なわち，リューベックの18世紀後半の穀物輸送量は1780年代に増加するも
のの，周辺都市と比較しても低い水準で推移したのであった。

　このようにリューベックにとって重要な交易品の一つであった塩や，西方へ
の通常の輸出であった穀物の輸送は18世紀後半に停滞さらに減少してきてお
り，そこからは市の貿易全体の停滞傾向の開始が推測されるとともに周辺ハン
ザ都市にも貿易動向にはそれぞれ相違，特徴が見られたのである。

　以上のような旧来からの生活必需品の貿易に対し，新たな貿易品についてみ
ると，ラインワインと「他のワイン」に分けられているワイン貿易は，リュー
ベックの場合，ラインワインの輸入量は，1661年，1759年，69年に150オー
ム Ohm（1オーム≒154リットル）以上の数字を示しているが，いずれも200オー

表3-19　リューベックとロストク，シュトラールズントによる
バルト海地域から西方への穀物のズント海峡年平均輸送量

（単位：ラスト）

年	1661–70	1671–80	1681–90	1691–1700	1701–10	1711–20
リューベック	365	161	719	336	211	392
ロストク	481	144	188	93	158	40
シュトラールズント	14	2	5	9	47	12
	1721–30	1731–40	1741–50	1751–60	1761–70	1771–80
	175	350	195	220	262	600
	107	63	212	274	793	1,022
	564	265	111	170	669	836

（出典）　表3-18と同じ。

ムを超えてはいない。ラインワインの場合1690年代に急激な低下を示す。

　ラインまたはモーゼルワインの量の表示はオームで統一されているが，フランス，スペイン，ポルトガル等からと思われる「他のワイン」の取扱量は，ファーデ Fade，ピバー Piber とオクスホフト Oxhoft もしくは Oksehober の略と思われる Oxh の3つの単位で示されている。これらの単位は 1 Fad（Fade）は927リットル，1 Piber＝2 Oxh＝464リットルと推定されている[125]。異なる単位で示されていることからは，単位がそれぞれのワインの質やそれに伴う価値の違いを示していることも考えられるし，産地の違いである可能性もあろうが，明らかではない。ただ，この換算が正しいとすれば，リューベックがバルト海地方へ海峡経由でもたらした「他のワイン」の総量の動向は明らかとなる[126]。それによれば「他のワイン」の全体の輸送量の動向は，おおよそ1711年以降顕著な増加傾向を示し，40年代までこの傾向は継続するものの，以後停滞傾向を示す（表3-20参照）。ハンブルクが18世紀初頭にもともと取扱量の多かったワインの貿易を急増させ，18世紀後半以降植民地物産のズント海峡の輸送量を急増させたのに対し，リューベックの場合海峡を通過する全体量に占める割合は低くその増加もわずかであった。

　ロストクの場合，1660年代に66年と67年を除く8年間で平均16,693リットルの「他のワイン」をズント海峡経由で輸入しており，その輸入量は，リューベックの1割程度であった。しかし，以後18世紀初頭までワインの輸入はほとんど記録されておらず，18世紀初頭以降復活する。シュトラールズントの場合も，1710年代までほとんど記録がなく，20年代からほぼ毎年の輸送量が明らかとなるが，その輸送量は極めて少ない。シュトラールズントは1740年代後半から50年代中頃にかけて，また，60年代に一時増加がみられるものの，両都市ともワインの取扱量は相対的に少ない。

　このようなラインワイン，「他のワイン」の17世紀末以後の記録が示されない，あるいはそれと関連した取扱量の減少の主な原因には，おそらくは，まずは交易路上のスコーネンの戦乱によって安全輸送が阻害されたことがあげられるであろう。さらに，以後輸出先であるノルウェー，スウェーデン等北欧諸

表 3 -20 リューベックによるラインワイン以外の「他のワイン」の
ズント海峡年平均輸送量

年	1661-70	1671-80	1681-90	1691-1700	1701-10	1711-20
ワイン（Fade）	102	787	520	114	286	1,484
（Piber）	33	20	8	14	9	39
（Oxh）	266	610	173	25	9	39
合計（リットル）	171,578	880,349	525,888	117,974	271,386	1,402,812
	1721-30	1731-40	1741-50	1751-60	1761-70	1771-80
	1,499	1,509	2,155	1,926	1,459	1,904
	685	1,131	905	696	277	286
	217	89	143	549	1,355	1,711
	1,757,757	1,944,275	2,450,781	2,235,714	1,795,331	2,264,664

（注） 1Fade ＝ 927 リットル, 1 Piber ＝ 2 Oxh ＝ 464 リットルと換算。
（出典） 表 3-18 と同じ。

国が極端に少なくなっていることを考え合わせると，北方戦争によるバルト海地域の政情不安の影響が大きいように思われる。北方戦争期の 1711 年以降リューベックのワイン輸入量は顕著な増加傾向を示し，40 年代までこの傾向は継続するものの，以後停滞傾向を示すに至る。

リューベックが海峡を輸送する植民地物産は 17 世紀末から 18 世紀初頭にかけて減少するものの，18 世紀半ばまで総量を増加させ，50 年代から 70 年代まで停滞傾向を示すが 18 世紀末には回復し，増大する[127]。しかし，総量に対する割合は 17 世紀中頃には及ばない。ハンブルクが 18 世紀初頭にもともと取扱量の多かったワインの貿易を急増させ，18 世紀後半以降植民地物産のズント海峡の輸送量を急増させたのに対し，リューベックの場合海峡を通過する総通過量に占める割合は低くその増加もわずかであった（表 3-21 参照）。

ロストクの植民地物産の貿易量が継続的に通行税台帳に記録されるようになったのは 18 世紀中葉以降のことであるが，1760 年代にはリューベックの植民地物産貿易量が減少したこともあり，ほぼ同量となった。シュトラールズ

ントでも 1730 年代から植民地物産貿易が継続的に行なわれるようになった。
さらに，両都市よりも東に位置しオーデル Oder 河河口のシュテティンでは表
3-22 のように 23,000 ポンドを超えるにすぎなかった植民地物産の貿易量は
70 年代には約 300 倍にも急増しているのである[128]。これらは，おそらくは
17 世紀中頃までは，中堅のハンザ都市は東方もしくは後背地からの食料貿易
には携われても，ワイン，遠隔地貿易という大きな利益の得られる貿易には参
入できずにいたことを示すものであり，その時点では植民地物産貿易等でも一
定の割合をリューベックは維持できたと思われる。しかし，バルト海の西側地
域においてそれら都市の参入が競合するリューベックの遠隔地貿易を停滞に導

表 3-21　リューベックによる植民地物産のズント海峡年平均輸送量，総通過量

(単位：千ポンド)

年	1661–70	1671–80	1681–90	1691–1700	1701–10	1711–20
年平均輸送量	22	42	37	10	23	60
総通過量	1,819	2,796	3,626	3,665	3,053	4,337
年平均輸送量 / 総通過量	1.2%	1.5%	1.0%	0.3%	1.4%	1.4%

(出典)　表 3-18 と同じ。

表 3-22　ハンザ都市による植民地物産のズント海峡年平均輸送量，総通過量

(単位：千ポンド)

年	1721–30	1731–40	1741–50	1751–60	1761–70	1772–81
リューベック	164	228	468	368	138	917
ロストク	10	0.4	13	33	145	214
シュトラールズント	20	116	274	351	213	164
シュテティン	23	146	435	1,473	2,435	6,869
総通過量	7,553	8,556	10,296	12,844	21,819	31,808
リューベック / 総通過量	2.2%	2.7%	4.6%	2.9%	0.6%	2.9%

(注)　植民地物産量が突出して高い数値を示す 1771 年を除外して作表。
(出典)　表 3-18 と同じ。

いたことを示しているように思われるのである。

　このように17世紀から18世紀におけるワインや植民地物産など西方からの有力な個別の商品の貿易量から見る限り，近世における都市リューベックの経済活動が極端に低下しているとはいえないが，ハンブルクとは対照的に18世紀後半に停滞が見られ，さらには停滞から衰退への予兆すら感じられるのは確かである[129]。

　多くの有力ハンザ都市と同様に，リューベックは広域の大規模な遠隔地商業に対応した市場と地域内の中心市場の両方をもつ複合的市場の都市であり，遠隔地商業市場が圧倒的優位にあるという都市であった。リューベックにおいて市政や市経済を掌握し，リューネブルク塩貿易を独占するような大商人層が地域内の中小規模商業についておおらかであったのは，リューベックを経由する遠隔地商業が活発に展開されていたからであった。ところが，遠隔地商業の停滞とそれに伴う都市経済の停滞傾向の中で，また，彼ら大商人層がベイ塩の事例のように自市市場を経由せず，オランダ，イギリス商人と競って遠隔地貿易を展開していく中で，ビールの地域内販売独占に見られるようにリューベック市場は次第に地域経済の中心市場，閉鎖的な市場という性格を強めていったと思われるのである。ハンザ商業が停滞から衰退へ向かう中で，その遠隔地商業を経済基盤とした都市においても，都市の繁栄を維持するためには地域経済の重要性を見直さざるをえなかったことを示しているといえよう。リューベックのビールはなるほど市の経済の停滞を抑制しその維持に貢献したが，ハンブルクのビール醸造業のように外部への流通網の形成など発展につながるものではなかったと思われるのである。18世紀に流入が急増したワインや植民地物産のコーヒーや紅茶などがビールの消費量自体を低下させ，おそらくはハンブルク同様ビール醸造業自体を縮小させ，市の経済力の低下を促進することとなったであろう[130]。しかも，地域事情に対応した地域の中心市場としての性格の強化は各都市の自立性を強め，リューベックが主導しハンザ都市が連帯して行ってきた経済活動を最終的に終焉に導く一因にもなったと考えられるので

ある。

　中世においてハンザの領袖都市として，またユトラント半島の付け根に位置
し，東西物資輸送の結節点として繁栄を誇ったリューベックは，塩の貿易では
ズント海峡経由の貿易に積極的に参入し，三十年戦争後には早期にワインや植
民地物産貿易に参入するなど，遠隔地貿易をなお活発に展開していた。しかも
ビールの事例から見るとそれまでの遠隔地からの貿易品の仲介貿易から市内生
産物の地域内販売という経済活動への転換も進められていた。その結果，ハン
ザが終焉を迎える中で，リューベックの経済事情は社会環境の変化への対応を
通じて少なくとも 17 世紀から 18 世紀前半には必ずしも悪化していなかった
と思われる。

　しかし，バルト海地域では 18 世紀初頭の北方戦争後スウェーデンの商業活
動が活発となり，東方に位置するポーランドのハンザ都市ダンツィヒの商業が
活発に展開し，さらに 18 世紀後半に近隣の中堅ハンザ都市がバルト海におけ
る穀物貿易，ワイン貿易や植民地貿易など遠隔地貿易に参入してくると，以後
市の新たな経済発展につながる貿易は進展せず，18 世紀後半には都市リュー
ベックの貿易の停滞傾向は顕著となり，市の経済もまた進展を見ることはな
かったと推測されるのである。

小　　括

　16 世紀初頭には宗教改革運動で混乱し，16 世紀前半のハンザの中核的な都
市ハンブルクでは，急激に力をつけてきたネーデルラントやさらにはイギリス
のハンザ圏への本格的進出など内外事情がより一層多様に変化する中で，この
時期に景気の指標の一つと考えられるレンテ市場は落ち込み，商業，特に遠隔
地商業は停滞した。ノヴゴロド商館の閉鎖，ブリュージュ商館やイギリスおよ
びその商人の強化によるロンドン商館の機能低下などハンザの商館貿易は衰退
を余儀なくされていった。しかし以後 17 世紀初頭のハンブルクでは，大規模

商業を中心とした新たな商業活動の展開や[131]，ビール醸造業の活発化が見られ，税収や関税収入も大幅に増大し，レンテの売買総額は増加した。一時期減少した対リューベック輸出も三十年戦争開始期には増加に転じ，戦中の1630年代に急減したバルト海貿易も以後復活を遂げた。公共施設の建設や河川等の維持管理費などが高い割合を維持していることからは，市が管理する地域の拡大，施設等の充実，補強が推測されるなど市の景気の回復，経済的発展と経済力の増強が推測される。安全な陸路経由の比較的戦争被害の少ない地域との取引の活発化もその一因であろう。ハンブルクの商業動向からは，三十年戦争期にポルトガル，スペインの後退，ネーデルラントの飛躍が明らかであり，以後の北海，バルト海貿易の基礎的展開が準備されたともいえよう。

間接税（消費税）の総額は財産税などの直接税の総額を三十年戦争期に逆転し，しかもその際の直接税，間接税の合計収入の約1/3がビール関連の消費税であったのである。すなわち17世紀前半の都市経済の基盤は間接税それもビール消費税に依存するところが大きく，以後の市の発展の基礎ともなったのではないかと思われるのである。こうした消費税収入の増加は，市の人口増加によるところが大きいと考えられるが，戦火で都市，農村人口が失われる中で，ハンブルクでは三十年戦争の前期に多額の防衛費を投入し，多数の兵員が増加され——人口増の一因にもなったと考えられる——，安全，自由が確保された結果，市への人口流入も増大したと推定される。

市の経済発展下でも事務管理費支出が一定の割合を維持している点からは市の健全な運営が感じられる。しかし，封建権力者への貸付金も三十年戦争期には減少したものの，ハンブルクの軍事費支出は，三十年戦争期には支出総額の60パーセントにも達したのであった。16世紀に入って増加した市の借入金も急増し，歳入に占める割合も20パーセントを超え，16世紀から17世紀前半まで市債発行残高も増加していた。歳出に占めるレンテの「利息」等の支出は，歳出に占める割合こそ低下するものの額は増加するなど市財政における負の要因も増した。その増大する軍事費を支える柱の一つが間接税，特にビール消費税収入であった。このように，中世以来の財政システムは三十年戦争期を

境として大きく変化し，近世近代へとつながる財政構造へとシフトしていった
ように見えるのである。

　穀物価格をはじめ物価が上昇する中で，間接税課税強化による税負担がより
一層中層以下の市民に重くのしかかり，その経済力を低下させ，市民間の経済
格差は増大したとも思われる。このように市の経済発展と並行して，都市ハン
ブルクでは市民間の経済的格差の増大，特に下層市民の増加といった深刻な社
会問題もまた進行していたと考えられるのである。

　近代における市の拡大発展への大きな飛躍の直接的原因が 17 世紀後半以降
の諸要因に由来するとしても，17 世紀前半の三十年戦争期の厳しい社会環境
の中でのハンブルク市の対応は商業事情，財政動向から見る限り，近代ハンブ
ルク市発展の原点になったと考えられるのである。換言すれば，戦争という危
機的状況の中，ビールという市民生活に不可欠の飲料の生産を通じて市の財政
安定をはかる危機対応が近代ハンブルクの起点となったともいえるのではなか
ろうか[132]。

　ビール醸造業の発展を一因として発展してきたハンブルクであったが，18
世紀初頭以降近隣からもたらされたビールがハンブルク産ビールを衰退に導
き，続いて大量のワインが流入し，さらに，市民生活を，あるいは広くは北
ヨーロッパの食生活を大きく変化させるような植民地物産が大量に流入したの
である。植民地貿易の急激な発展によって砂糖，コーヒー，紅茶等が流入し，
ハンブルクでは精糖業が急速に展開し始めたのである。植民地物産の北ヨー
ロッパの一大集散港としての新たな商工業の展開は，市に急激な人口の増加を
もたらし，直接的ではないにしても以後のハンブルクの大発展の契機になった
のではないかと考えられるのである。

　当初はスペインやポルトガルから，続いてオランダ，18 世紀にはイギリス，
そしてフランスからとハンブルクにもたらされる植民地物産取引の中心国が変
化していく中で，外洋からはるかに切り込んだハンブルクに多くの物資がもた
らされた一因は，大洋に直接つながる北海に面し，エルベ河上流に広い後背地
を有するなど西方からの植民地物産を東方にもたらす上で好立地条件に恵ま

れ，中立の開かれた自由都市で安全であったことであろうが，外国人の自由な経済活動の容認やそのネットワークの活用に加え，ワインにおけるボルドーと同様に既存のビール販売のネットワークが存在したからではなかったか。17世紀に再生し，同世紀後半に最盛期をむかえたビール醸造業のネットワークを維持，支配してきた商人たちが以後の商工業の展開にどのように関わったか明らかではないが，彼らがその流通網を生かして何らかの形で市のワイン貿易，さらには植民地物産貿易を導いたと考えられるのではなかろうか。

バルト海への塩貿易では終始オランダが中心的な役割を果たしていたのと異なり[133]，ハンブルクの植民地物産貿易についてはオランダからフランスそしてイギリスへと中心的役割を果たした国家には変遷があった。植民地物産のうち砂糖については主要生産地であった西インド諸島にジャマイカが加わり，ハンブルクへの砂糖貿易はフランス，ポルトガルからイギリス経由が主流となり，ハンブルクでの精製後にバルト海や内陸地方へと再輸出されることが多くなったと思われる。コーヒーにおいても多様な地域からの輸入が拡大し，輸入量は18世紀末まで増加した。このように，近代の都市ハンブルクの急激な発展には植民地貿易，特に砂糖の輸入，精製，再輸出，同様にコーヒーの輸入，再輸出が大きく影響を与え，さらにそれは19世紀後半の発展へとつながっていったと考えられるのである。

リューベックは塩や穀物など生活に不可欠な物資の貿易を維持しながら，ワイン，植民地貿易にも参入していき，海峡経由の東方向け物資の集散地として成長したと考えられるのである。三十年戦争後にバルト海沿岸ではリューベック周辺の中堅ハンザ都市シュトラールズントが塩の貿易に，ロストクが穀物貿易に参入し，その後両都市は，植民地物産貿易にも進出し，リューベックの貿易量に迫り，一時は超える貿易量となった。同時に東方のシュテティンの植民地物産貿易額が急増する。こうした動きに対応するようにリューベックは貿易量を急激に減少させていった。だが，18世紀初頭から成長した西方からのワイン貿易ではリューベックやシュテティン，ダンツィヒが輸送量を増加させたのに対し，ロストク，シュトラールズントは，ほとんど参入できなかったと思

われる。しかし，北方戦争後バルト海地域ではスウェーデン，シュテティンやダンツィヒの商業がさらに活発化する中で，リューベックのワイン貿易は 18 世紀を通じて高い水準で維持したが，総体的に減少もしくは停滞傾向を示すに至ったのであった。これらの事実は，バルト海においてリューベックを中心とした大きな商業圏が，スウェーデン等の中央集権国家の成長を背景に各都市毎の小さな商業圏に分散し，特に東方のシュテティン，ダンツィヒが活発な貿易を展開する中で，リューベックがバルト海での中心的地位を喪失していく過程とも考えられよう。

このように同じハンザ都市とはいえ，ハンブルクとリューベックが異なる近代都市化の過程をたどっていただけでなく，生活必需品貿易から植民地物産貿易へと主要貿易が変化する過程でハンザ各都市では，地域環境等の違いにより明らかに異なる道筋で近代都市化が進行していたと考えられるのである。

（注）
1） O. Brandt, Geschichte Schleswig-Holsteins. Überarbeitet und erweitert v. W. Klüver. Kiel 1976. S. 182-196. A. Wohlwill, Aus drei Jahrhunderten der Hamburgischen Geschichte.（1648-1888）Jahrbuch der Hamburgischen Wissenschaftlichen Anstalten. XIV. Hamburg 1897. S. 1-145. 高村象平『ドイツ・ハンザの研究』日本評論新社，1959 年，203-222 頁。高橋理『ハンザ「同盟」の歴史—中世ヨーロッパの都市と商業—』創元社，2013 年，262-270 頁。

2） 近年編纂されたリューベック史では，17，18 世紀の都市リューベックの市内事情が解説されている。A. Graßmann, Lübeck im 17. Jahrhudert: Wahrung des Erreichten. F. Kopitzsch, Das 18. Jahrhundert: Vielseitigkeit und Leben. Lübeckische Geschichte. Hrsg. v. A. Graßmannn. Lübeck 2008. S. 445-537. その他，例えば，谷澤毅『北欧商業史の研究—世界経済の形成とハンザ商業—』知泉書館，2011 年，224-256 頁。斯波照雄『ハンザ都市とは何か—中近世北ドイツ都市に関する一考察—』中央大学出版部，2010 年，149-168 頁，同「中近世ハンザ都市におけるビール醸造業について」『商学論纂』第 55 巻第 1・2 号，137-154 頁。同「中世ハンザ都市の近代都市化移行過程の比較研究」木立真直／佐久間英俊編『現代流通変容の諸相』中央大学企業研究所研究叢書 41，中央大学出版部，2019 年，177-193 頁。

3） Ph. Dollinger, La Hanse. Paris 1964. 英訳 The German Hansa. Translated and edited by D. S. Ault / S. H. Steinberg. London 1970. 日本語訳 Ph. ドランジェ，高橋理監訳，奥村／小澤

／小野寺／柏倉／高橋／谷澤訳『ハンザ 12-17世紀』みすず書房，2016年，377-378頁。三都市間の「同盟」については，明石欽司「「ハンザ」と近代国際法の交錯（一）（二）―17世紀以降の欧州「国際」関係の実相―」『法学研究』（慶應義塾大学）第79巻第4号，2006年，1-25頁，第5号，2006年，1-26頁参照。

4) 高橋『ハンザ「同盟」の歴史』262-268頁。玉木俊明『北方ヨーロッパの商業と経済 1550-1815』知泉書館，2008年，220-223頁。

5) 斯波照雄「中近世バルト海域における塩の貿易について」『武蔵野法学』（武蔵野大学）第5号，2016年，361-362頁。

6) 斯波『ハンザ都市とは何か』149-150頁。

7) B. Poulsen, Middlemen of the Regions. Danish Peasant Shipping from the Middle Ages to c. 1650. Regional integration in Early Modern Scandinavia. ed. by F. -E. Eliassen / J. Mikkelsen / B. Poulsen. Odense 2001. pp. 56-79. 谷澤毅「ハンザ期リューベック商業の諸相―近年の研究成果から―」『長崎県立大学論集』第40巻4号，2007年，294-299頁。

8) 第1章注42) 参照。

9) H. P. Baum / R. Sprandel, Zur Wirtschaftsentwicklung im spätmittelalterlichen Hamburg. VSWG. Bd. 59. 1972. S. 473-480.

10) R. Hammel, Häusermarkt und wirtschaftliche Wechsellagen in Lübeck von 1284 bis 1700. HGbll. 106. 1988. S. 64.

11) 斯波『ハンザ都市とは何か』45-47頁。

12) 第2章注6) 参照。

13) E. Pitz, Steigende und fallende Tendenzen in Politik und Wirtschaftsleben der Hanse im 16. Jahrhundert. HGbll. 102. 1984. S. 39-77.

14) S. Jenks, Der Frieden von Utrecht 1474. Der hansische Sonderweg? Beiträge zur Sozial- und Wirtschaftsgeschichte der Hanse. Hrsg. v. S. Jenks / M. North. HGq. Neue Folge. Bd. 39. Köln 1993. S. 59-76.

15) メクレンブルクの農村における三十年戦争下での人口減少は著しく，例えば1618年に2,430名の農民の居住記録のある12村の農民数は368名まで減少し，2村は完全もしくはほぼ廃村に近い状況であったという。N. Jörn, Vom lauen Verbündeten im Krieg zur Verhandlungsmasse im Frieden: Mecklenburg. Mit Schweden verbündet-von Schweden besetzt. Hrsg. v. I. Schmidt-Voges / N. Jörn. Hamburg 2016. S. 164.

16) 高橋『ハンザ「同盟」の歴史』262-264頁。F. -W. Henning, Das vorindustrielle Deutschland 800 bis 1800. Paderborn 1974. S. 239f. F. -W. ヘニング，柴田英樹訳『ドイツ社会経済史 工業化前のドイツ 800-1800』197-198頁。F. -W. Henning, Landwirtschaft und ländliche Gesellschaft in Deutschland 800 bis 1750. Bd. 1, Paderborn 1979. S. 223-226.

17) 三十年戦争前期，1618年から29年のハンブルクの状況については W. Fleischfresser,

Die politische Stellung Hamburugs in der Zeit des dreissigjährigen Krieges. Bd. 1（1618-1626），
Bd. 2（1627-1629）. Hamburg 1883, 1884. を参照。

18）　ドランジェ，前掲書，369 頁。

19）　高村，前掲書，206-207，213-214，230-237 頁。玉木，前掲書，82-87，101 頁。

20）　石坂昭雄「16 世紀におけるネーデルラント・プロテスタントのドイツ散在─その経
済史的意義」『北海道大学経済学研究』第 27 巻第 1 号，1977 年，345 頁。

21）　ドランジェ，前掲書，369 頁。

22）　J. Kulischer, Allgemeine Wirtschaftsgeschichte des Mittelalters und der Neuzeit. Bd. 2.
München 1929（1976）. S. 257f. Vgl. F. Voigt, Der Haushalt der Stadt Hamburg 1601 bis
1650. Hamburg 1916.

23）　ドランジェ，前掲書，370 頁。

24）　ドランジェ，前掲書，376 頁。H. Freudenberger, Hamburgs Streit mit Christian IV. von
Dänemark über den Glückstädter Zoll 1630-1645. Hamburg 1902. S. 6ff.

25）　ドランジェ，前掲書，369 頁。

26）　Henning, Das vorindustrielle Deutschland 800 bis 1800. S. 233-243. ヘニング，前掲書，
197-200 頁。Vgl. Henning, Landwirtschaft und ländliche Gesellschaft. S. 221-229.

27）　Brandt, op. cit., S. 182-196. 高村，前掲書，198 頁。

28）　Henning, Das vorindustrielle Deutschland 800 bis 1800. S. 243. ヘニング，前掲書，201 頁。

29）　ドランジェ，前掲書，378 頁。

30）　S. Schukys, Die Einwirkungen des Dreissigjährigen Krieges auf den Fernhandel Hamburgs. Der
Krieg vor den Toren. Hamburg im Dreissigjährigen Krieg 1618-1648. BGH. Bd. 60. Hrsg. v. M.
Knauer / S. Tode. Hamburg 2000. S. 214.

31）　Schukys, ibid., 220.

32）　H. Kellenbenz, Unternehmerkräfte im Hamburger Portugal- und Spanienhandel. Hamburg
1954. S. 101.

33）　Tabller over Skibsfart og Varetransport gennem Øresund 1497-1660. ①. pp. 202f, 242f,
282f, 318f, 358f, 386f.

34）　E. Baasch, Hamburgs Seeschiffahrt und Waarenhandel vom Ende des 16. bis zur Mitte des 17.
Jahrhunderts. ZVhG. Bd. 9. 1894. S. 302f, 335.

35）　Baasch, ibid., S. 332.

36）　Baasch, ibid., S. 326-331.

37）　J. ド・フリース／A. ファン・デァ・ワウデ，大西吉之／杉浦未樹訳『最初の近代経
済─オランダ経済の成功・失敗と持続力 1500-1815─』名古屋大学出版会，2009 年，
459 頁。

38）　Kulischer, op. cit., S. 257.

39) E. Nissle, Hamburg in der Zeit des Dreissigjährigen Kriegs. Hamburg 1990. S. 41.

40) P. Voss, »Eine Fahrt von wenig Importantz?« Der hansische Handel mit Bordeaux 1670-1715. Niedergang oder Übergang? Zur Spätzeit der Hanse im 16. und 17. Jahrhundert, Hrsg. v. A. Grassmann. HGq. Neue Folge. Bd. 44. Köln 1998. S. 101f.

41) Baasch, Hamburgs Seeschiffahrt. S. 334-343.

42) Baasch, ibid., S. 343ff.

43) Baasch, ibid., S. 394-416. Vgl. E. Baasch, Der Verkehr mit Kriegsmaterialien aus und nach den Hansestädten vom Ende des 16. bis Mitte des 17. Jahrhunderts. Jahrbücher für Nationalökonomie und Statistik. Bd. 137, 1932. S. 538-543. それでも 1647 年にはイベリア貿易に 65 隻のハンブルク船が携わっていたといわれる。ドランジェ，前掲書，379 頁。

44) E. Baasch, Hamburg und Holland im 17. und 18. Jahrhundert. HGbll. 1910. Bd. 16 (37). S. 45.

45) Voss, op. cit., S. 101f.

46) Schukys, op. cit., 222f, 225.

47) P. C. Plett, Die Finanzen der Stadt Hamburg im Mittelalter (1350-1562). Phil. Diss. Hamburg Univ. 1960. S. 247, 254f. Hamburg Weg zum Haushaltsplan. Städteforschung. Reihe C. Bd. 6. Bearb. u. Hrsg. v. H. -J. Bohnsack, Köln 1993. S. XLIV-LXI. P. Gabrielsson, Struktur und Funktion der Hamburger Rentengeschäfte in der Zeit von 1471 bis 1490. BGH. H. Bd. 7. Hamburg 1971. S. 105. K. Zeiger, Hamburgs Finanzen von 1563-1650. Hamburger wirtschafts- und sozialwissenschaftliche Schriften. Heft 34. Rostck 1936. S. 51, 80. なお，ヴェルク関税については Voigt, Der Haushalt der Stadt Hamburg. S. 71f, 84ff.

48) Vgl. Voigt, ibid., S. 47, 56. H. -J. Bohnsack, Die Finanzverwaltung der Stadt Hamburg. BGH. Bd. 43. Hamburg 1992. S. 24-28, 81-84.

49) Voigt, ibid., S. 56-69.

50) Zeiger, op. cit., S. 135-144, 148-151. すでに 20 世紀初頭にポットホフによって同時期のハンブルクの歳入，歳出が算出されている。若干数字は異なるが大きな違いはない。Vgl. H. Potthoff, Der öffeutliche Haushalt Hamburg im 15. und 16. Jahrhundert. ZVhG. 16. 1911. S. 11. Bohnsack, op. cit., S. 81-84.

51) Voigt, Der Haushalt der Stadt Hamburg. S. 44f.

52) Plett, op. cit., S. 247.

53) Hamburgische Burspraken 1346 bis 1594 mit Nachtragen bis 1699. Bearb. v. J. Bolland. Veröffentlichungen aus dem Staatarchiv der Freien und Hansestadt Hamburg. Hamburg 1861 (1971) Teil 2. S. 128, 234f. W. Bing, Hamburgs Bierbrauerei vom 14. bis zum 18. Jahrhundert. ZVhG. Bd. 14. 1908. S. 288ff. H. Huntemann, Bierproduktion und Bierverbrauch in Deutschland vom 15. bis zum Beginn des 19. Jahrhunderts. Phil. Diss. Göttingen Univ. 1970. S. 31. 斯

波照雄「ハンザ都市ハンブルクの発展と醸造業」木立真直／辰馬信男編『流通の理論・歴史・現状分析』中央大学企業研究所研究叢書 26，中央大学出版部，2006 年，93-102 頁。

54）　ドランジェ，前掲書，373 頁。

55）　W．アーベル，寺尾誠訳『農業恐慌と景気循環―中世中期以来の中欧農業及び人口扶養経済の歴史―』未來社，1972 年，191 頁。G. Franz, Der Dreissigjärigen Krieg und das deutsche Volk. Stuttgart 1961. S. 47.

56）　斯波『ハンザ都市とは何か』，150 頁。W. Bohehart, . . . nicht brothlos und nothleidend zu hinterlassen. Untersuchungen zur Entwicklung des Versicherungsdankens in Hamburg. Hamburg 1985. S. 14.

57）　E. Daenell, Die Blütezeit der deutschen Hanse. Hansische Geschichte von der zweiten Hälfte des 14. bis zum letzten Viertel des 15. Jahrhunderts. Bd. 1. Berlin 1905. S. 266f. 高村，前掲書，130 頁。C. v. Blanckenburg, Die Hanse und ihr Bier. Brauwesen und Bierhandel im hansischen Verkehrsgebiet. HGq. Neue Folge. Bd. LI. Köln 2001. S. 33, 57. Vgl. K. -J. Lorenzen-Schmidt, Bier und Bierpreise in Schleswig-Holsteins Städten zwischen 1500 und 1560. Studien zur Sozialgeschichte des Mittelalters und der Neuzeit. Hrsg. v. Kopitzsch / K. -J. Lorenzen-Schmidt. Hamburg 1977. S. 132ff. Huntemann, op. cit., S. 40, 245.

58）　ハンブルクにおけるビールへの課税の変遷については，第 2 章注 71）参照。

59）　Zeiger, op. cit., S. 100.

60）　アーベル，前掲書，372，373 頁。Vgl. Henning, Landwirtschaft und ländliche Gesellschaft. S. 223.

61）　Baum / Sprandel, op. cit., S. 473. K. -J. Lorenzen-Schmidt, Umfang und Dynamik des Hamburger Rentenmarktes zwischen 1471 und 1570. ZVhG. Bd. 65. 1974. S. 47.

62）　Voigt, Der Haushalt der Stadt Hamburg. S. 36f. 1601 ～ 1650 年の軍事防衛費は総額約 1,200 万マルクにも達したという。J. F. Voigt, Nachträge zur Geschichte des Kriegswesens der Stadt Hamburg in der ersten Hälfte des 17. Jahrhunderts. Mitteilungen Vereins für Hamburgische Geschichte. Bd. 10. (Jg. 29) Heft 2, 1909. S. 262f. Baum / Sprandel, ibid., S. 481-485.

63）　Plett, op. cit., S. 178-180, 254-256. Zeiger, op. cit., S. 103. J. F. Voigt, Die Anleihen der Stadt Hamburg während der Jahre 1601 bis 1650. ZVhG. Bd. 17. 1912. Vgl. v. H. Reincke, Die alte Hamburger Stadtschuld der Hansezeit（1300-1563）. Städtewesen und Bürgertum als geschichtliche Kräfte. Gedächtnisschrift für F. Rörig. Hrsg. v. A. v. Brandt / W. Koppe, Lübeck 1953. S. 499f.

64）　Bing, op. cit., S. 319, 321.

65）　Blanckenburg, op. cit., S. 62. E. Baasch, Weinakzise und Weinhandel in Hamburg. ZVhG. Bd. 13. 1908. S. 104.

66) Bing, op. cit., S. 314-320. E. Baasch, Zur Statistik des Ein- und Ausfuhrhandels Hamburgs Anfang des 18. Jahrhundert. HGbll. Bd. 54. 1929. S. 90-116. Statistik des Hamburger seewärtigen Einfuhrhandels. im 18. Jahrhundert. Bearb. v. J. Schneider / O. Krawehl / M. Denzel. St. Katharinen 2001. S. 287-588.

67) Huntemann, op. cit., S. 186f.

68) Bing, op. cit., S. 309f, 319f.

69) Bing, ibid., S. 315, 319.

70) Bing, ibid., 326. Huntemann, op. cit., S. 169, 176, 186ff.

71) Blanckenburg, op. cit., S. 102, 106f.

72) E. Baasch, Die Handelskammer zu Hamburg 1665-1915. Hamburg 1915. Bd I. S. 224f, Bd. II-1. S. 431.

73) 玉木，前掲書，285 頁および同頁注 58) 参照。ボルドーが植民地物産のバルト海地域への再輸出拠点になった一因はパリの市場につながらなかったからであるとも考えられている。君塚弘恭「近世フランスの北大西洋世界—港湾ネットワークからみた多重経済構造」田中きく代／阿河雄二郎／金澤周作編『海のリテラシー—北大西洋海域の「海民」の世界史』創元社，2016 年，244-245 頁。

74) Statistik des Hamburger seewärtigen Einfuhrhandels. S. 304f. Bing, op. cit., S. 327-329.

75) Baasch, Zur Statistik des Ein- und Ausfhrhandels Hamburgs. S. 92.

76) Baasch, ibid., S. 113. 菊池雄太「ヨーロッパ世界商業におけるハンブルクの役割（17～18 世紀)」『比較都市研究』第 27 巻第 1 号，2008 年，27 頁。

77) Baasch, Weinakzise und Weinhandel in Hamburg. S. 90-116.

78) 玉木，前掲書，285，290-292 頁。斯波「中近世ハンザ都市におけるビール醸造業について」147-154 頁。M. Eckold (Hrsg), Flüsse und Kanäle. Die Geschichte der deutschen Wasserstrassen. Hamburg 1998. S. 173ff.

79) Kulischer, op. cit., S. 277.

80) A. Petersson, Zuckersiedergewerbe und Zuckerhandel in Hamburg. Von der Anfängen bis zum Ende der Kontinentalsperre. Hamburger Wirtscafts-Chronik. Neue Folge. Bd. 1. 2000. S. 53.

81) Voss, op. cit., S. 94f.

82) E. K. Newman, Anglo-Hamburg trade in the late seventeenth and early eighteenth centuries. Phil. Diss. University of London. 1979. p. 69.

83) Kulischer, op. cit., S. 257.

84) ド・フリース／ファン・デァ・ワウデ，前掲書，397，458-459 頁。

85) Tabeller over Skibsfart og Varetransport gennem Øresund : 1721-1760. ④, 1761-1783. ⑤.

86) Kulischer, op. cit., S. 257.

87) Statistik des Hamburger seewärtigen Einfuhrhandels. S. 383-587. 玉木，前掲書，275-278

頁。

88) Henning, Das vorindustrielle Deutschland 800 bis 1800. S. 270. ヘニング，前掲書，229
頁。

89) B. Schmidt, Hamburg im Zeitalter der Französischen Revolution und Napoleons（1789-
1813). Teil 1. BGH. Bd. 55. Hamburg 1998. S. 745ff. Tabeller over Skibsfart og Varetransporten
gennem Øresund 1721-1760. ④. S. 351, 371, 390, 425, 442, 461, 480, 500, 521. Tabelle
over Skibsfart og Varetransporten gennem Øresund 1761-1783. ⑤. S. 3, 22, 41, 62, 83, 105,
126, 148, 171, 194, 222, 244, 269, 293, 317, 341, 364, 387, 410, 448, 461, 484, 510. Vgl.
Newman, op. cit., pp. 84. 161f. ポンドはハンブルクでは当時通貨単位としても使われてお
り金額の可能性もないとはいえないが，他の商品が重量で示されているのに，植民地物
産のみが金額で示されたと考えるのは不自然であり，重量とした。

90) R. Sprandel, Der Hafen von Hamburg. See- und Flusshäfen vom Hochmittelalter bis zur
Industrialisierung. Hrsg. v. H. Stoob. Köln 1986. S. 201.

91) F. Kopitzsch, Zwischen Hauptrezess und Franzosenzeit 1712-1806. Hamburg. Geschichte der
Stadt und ihrer Bewohner. Bd. 1. Hrsg. v. H. -D. Loose. Hamburg 1982. S. 375f.

92) Kulischer, op. cit., S. 257.

93) Kopitzsch, Zwischen Hauptrezess und Franzosenzeit. S. 374.

94) 玉木，前掲書，296-298 頁。

95) 玉木，前掲書，298-303 頁。Schmidt, op. cit., S. 753, 760.

96) F. Techen, Das Brauwerk in Wismar. Ⅱ. HGbll. 1916. 165-167.

97) ドランジェ，前掲書，353-371 頁。高村，前掲書，203-209 頁。玉木，前掲書，285
頁。Y. Schreuder, Amsterdam's Sephardic merchants and the Atlantic suger trade in the seven-
teenth century. Cham 2019. p. 228.

98) K. Blaschke, Elbschiffahrt und Elbzölle im 17. Jahrhundert. HGbll. 82. 1964. S. 49f. 谷澤，
前掲書，238-256 頁。

99) 菊池雄太「ハンブルクの陸上貿易 1630-1806 年—内陸とバルト海地方への商品流通
—」『社会経済史学』第 78 巻第 2 号，2012 年，27-51 頁。

100) R. Ramcke, Die Beziehungen zwischen Hamburg und Österreich im 18. Jahrhundert. Kaiser-
lich-reichsstädtisches Verhältnis im Zeichen von Handels- und Finanzinteressen. BGH. Bd. 3.
Hamburg 1969. S. 206.

101) Eckold（Hrsg）, op. cit., S. 20. 18 世紀前半のダンツィヒでは，ワイン輸入はオラン
ダ，フランスに続きハンブルクが多かった。Vgl. Historia Gdańska. Tom Ⅲ-1: 1655-
1793. Pod redakcją E. Cieślaka. Gdańska 1993. p. 378.

102) Baasch, Zur Statistik des Ein- und Ausfuhrhandels Hamburgs. S. 97f, 113, 137. Statistik des
Hamburger seewärtigeu Einfuhrhandels. S. 383-587. 19 世紀初頭には製糖業，砂糖貿易はハ

ンブルクにとって極めて重要な産業に成長した。A. Petersson, Zuckersiedergewerbe und Zuckerhandel in Hamburg im Zeitraum von 1814 bis 1834. VSWG. Beiheft 140. 1998. S. 31-114.

103）H. Kellenbenz, Sephardin an der unteren Elbe. Ihre wirtschaftliche und politische Bedeutung von Ende des 16. bis zum Beginn des 18. Jahrhunderts. VSWG. Beiheft 40. 1958. S. 203ff. I. Pantel, Die hamburgische Neutralität im Siebenjährigen Krieg. Veröffentlichungen des Hamburger Arbeitskreises für Regionalgeschichte. Bd. 32. Berlin 2011. S. 38f.

104）Kulischer, op. cit., S. 276f. E. Baasch, Die Handelskammer zu Hamburg. Bd. Ⅱ-1. S. 699-703.

105）斯波照雄「17〜18世紀における都市ハンブルクの経済事情」『法学新報』第124巻第1・2号，2017年，149-152頁参照。

106）ハンブルクの東方への植民地物産の海上再輸出には年による変動が大きい。詳しくは菊池雄太「近世ハンブルクのバルト海海上貿易—中継貿易都市の流通構造に関する一考察—」『社会経済史学』第79巻第2号，2013年，122頁参照。

107）T. Stieve, Der Kampf um die Reform in Hamburg 1789-1842. Hamburg 1993. S.49. Henning, Das vorindustrielle Deutschland 800 bis 1800. S. 274. ヘニング，前掲書，282頁。Vgl. P. Dohse, Der deutsche Zuckerhandel. Phil. Diss. Köln Univ. 1926. S82f.

108）服部晴彦「18世紀フランス植民地貿易考」『京都大学文学部紀要』第27号，1988年，48-49頁。ダンツィヒでも1750年から1770年にかけて増加がみられた。Vgl. Historia Gdańska. Tom Ⅲ-1. p. 411.

109）Statistik des Hamburger seewärtigen Einfuhrhandels. S. 383-587. 玉木，前掲書，275-278頁。イギリスの砂糖の輸出入も同様に1790年代に増加している。English overseas trade statistics 1697-1808. by E. B. Schumpeter. Oxford 1960. pp. 26-28, 58f.

110）菊池「近世ハンブルクのバルト海海上貿易」123頁。

111）Petersson, Zuckersiedergewerbe und Zuckerhandel in Hamburg im Zeitraum von 1814 bis 1834. S. 58, 293. C. Prange, Das Gewerbe Zuckersieder in Hamburg. Schriften aus dem Zucker-Museum. Heft 24. Zuckerhistorische Miszellen. Teil 3. 1987. S. 119-121.

112）松田智雄『ドイツ資本主義の基礎研究』岩波書店，1967年，112頁。A. Soetbeer, Über Hamburgs Handel. Hamburg 1840. S. 102, 132, 135, 291.

113）Petersson, Zuckersiedergewerbe und Zuckerhandel in Hamburg. Von der Anfängen bis zum Ende der Kontinentalsperre. S. 58-68. M. S. Beerbühl, Die Hamburger Krise von 1799 und ihre weltweite Dimmension. Hamburger Wirtschafs-Chronik. Bd. 10. 2012. S. 85ff.

114）Statistik des Hamburger seewärtigen Einfuhrhandels. S. 278-588. 菊池「ヨーロッパ世界商業におけるハンブルクの役割」28-29頁。ハンブルクのコーヒー輸入量は1870年代以降さらに増加していった。南直人『〈食〉から読み解くドイツ近代史』ミネルヴァ書房，

2015 年，58 頁参照。

115） Schmidt, op. cit., S. 732.

116） U. Becker, Kaffee-Konzentration. Zur Enwickulung und Organization des hansischen Kaffee-handel. Beiträge zur Unternehmensgeschichte. Hrsg. v. H. Pohl. Bd. 12. Stuttgart 2002. S. 53-68.

117） 白井隆一郎『コーヒーが廻り世界史が廻る』中公新書 1095，中央公論新社，1992 年，144-155 頁。

118） Becker, op. cit., S. 82.

119） 菊池「近世ハンブルクのバルト海海上貿易」123 頁。

120） Kulischer, op. cit., Bd. 2. S. 386.

121） Baasch, Zur Statistik des Schiffspartenwesen. S. 215-221.

122） Tabeller over Skibsfart og Varetransport gennem Øresund 1497-1660. ①. pp. 2-22, 26f, 58f, 82f, 122f, 162f, 202f, 242f, 282f, 318f, 358f, 386f. Vgl. M. Ressel, Von der Hanse zur Hanseatischen Gemeinschaft. Die Entstehung der Konsulatsgemeinschaft von Bremen, Hamburg und Lübeck. HGbll. 130. 2012. S. 145ff.

123） ドランジェ，前掲書，369，374-375 頁。

124） Hammel, op. cit., S. 80f. 斯波「中近世バルト海域における塩の貿易について」355 頁。

125） デンマークの百科事典 Den Store Danske Encyklopædi. Gyldendal.

126） Tabeller over Skibsfart og Varetransport gennem Øresund 1661-1720. ③.

127） Tabeller over Skibsfart og Varetransport gennem Øresund 1661-1720. ③. 1721-1760. ④. 1761-1783. ⑤.

128） Tabeller over Skibsfart og Varetransport gennem Øresund 1721-1760. ④.

129） 斯波「17 〜 18 世紀における都市ハンブルクの経済事情」156-160 頁。

130） 斯波「17 〜 18 世紀における都市ハンブルクの経済事情」149-152 頁。

131） Nissle, op. cit., S. 35f.

132） Blanckenburg, op. cit., S. 56ff. 17 世紀に躍進した醸造業であったが，以後 18 世紀には再び停滞し，それとともに，ハンブルク船の出港数も減少したものの Bing, op. cit., S. 309ff. まもなくハンブルクビールは今一度発展を遂げたのである。

133） 斯波「中近世バルト海域における塩の貿易について」345-369 頁。

ま　と　め

　ハンザ史研究において，14世紀後半から15世紀は，最盛期と評価されていたが，政治的に厳しい環境の中でハンザの経済活動も順調とはいえないとも考えられるようになってきた。しかし，ハンブルクは直接税収入から見る限り14世紀後半から15世紀後半にかけて財政規模の拡大が順調に推移していたと思われ，ブラウンシュヴァイク，グライフスヴァルトでは減収になった後に微増に転じているのに対し，リューベックでは以後も減収が続き，直接税の税収から見る限りでは4都市の中ではリューベックの経済力の低下が顕著であったことが明らかであった．

　ハンブルク，ブラウンシュヴァイクでは歳入において，間接税の課税率の変化や新税の創設等課税強化もあり，関税，消費税等の間接税の割合が上昇している点で共通している。15世紀前半における税収全体が直接税から間接税へと重心移動する傾向は明らかであり，15世紀前半に税制の大きな変化があったことが推測される。

　歳入総額でも14世紀後半から15世紀前半にかけてリューベックで停滞が見られるものの，そして都市により増加の度合いは異なるものの，ハンブルク，ブラウンシュヴァイクでは財政規模は拡大しており，グライフスヴァルトでも財政難を経験しつつも増減を繰り返しながらほぼ横ばいで推移した。

　しかし，各都市で税制などの改革が行なわれたのは，増大してきた歳出に対応したものと考えられ，歳入の確保の必要に迫られてのことであったと思われる点も看過すべきではなかろう。税収を直接税から徴収が確実な間接税に移行し，目的税化した関税などの導入による都市環境の整備が行なわれ，消費税の課税対象の拡大や課税率を上げることによって歳出増加に対応したのであろう。しかし，以後も，ハンザ都市における税収不足は深刻で，一方において市債発行等による財政不足を補うとともに，様々な課税強化策が実施されるが，

16，17世紀に至るまで各都市で市民の抗議活動，抗争が勃発するなど，ハンザ都市の近代化の過程は紆余曲折があったと考えられるのである。

　各都市とも財政の歳出超過の最大の原因は軍事費支出であり，周辺地域の治安維持，商業路の安全確保が大きな経済負担を伴うものであった。しかも，その不足分の多くは市債発行，販売などによって賄われたのであり，ハンブルク，ブラウンシュヴァイク両都市とも歳出の約3割を事実上の借入金の「利息」に充当しなければならなかったのである。しかし，こうした状況下でもなお各都市において公共施設の維持，拡充のための支出は維持されており，14，15世紀のこれらの都市には発展への原動力が保持されていたと感じられるのである。

　ハンザ商業圏，特にバルト海地域においてリューベックは，生活上必要不可欠であり，食料保存にも欠かせない塩を，生産できないバルト海地域に独占的に供給し，バルト海地域を他のハンザ都市とともにその勢力下においていた。ところが，15世紀以降フランス西部より主にオランダ商人によってズント海峡経由で品質は劣るものの安価な天日塩ベイ塩がもたらされると占有率は低下し，同時にハンザの影響力は低下していく。それは，塩だけでなく，あらゆる商品のハンザ商人による独占的貿易体制の後退，敗退を意味するとともに，バルト海内の貿易が大きな商業圏へ，そして世界貿易に組み込まれていく原点でもあった。すなわち，15世紀以降北海，バルト海が一つの商業圏を形成し，大洋貿易と結びついてそこに点在するハンザ都市もまた世界貿易の中に組み込まれていく道筋を先導したのが塩貿易ともいえるのである。それはバルト海地域において，生活に必要な物資の確保のためにハンザ商業に従属してきたことからの解放でもあった。

　16世紀には宗教改革運動が広がり，各商館貿易が危機を迎える中で，ハンザ各都市は独自の経済活動を強化し，それはハンザの結束の弱体化につながったとも考えられる。ハンブルクでは商業活動は16世紀初頭まで多少の停滞が見られたが，16世紀末以降活発になっていく。それに対しリューベックでは造船業は16世紀後半まで活発であったが，都市経済に重要なリューネブルク

塩の輸出は減少した。しかし，リューベックもまたズント海峡経由の塩貿易に参加し，以後しばらくリューベックはズント海峡経由の塩貿易量を維持した。しかし，結局，近世バルト海における塩の流通では，17世紀後半には近隣中都市のシュトラールズントの取扱量が増加し，リューベックの貿易量は激減した。

　近世バルト海における塩の流通では，17世紀末以降にはスウェーデンやポーランドのダンツィヒの取扱量が増加した。地域需要を背景にスウェーデンやバルト海沿岸の都市が塩貿易に参入していったのである。近世以降貿易は全般的に強力な国家権力の後援の下で展開し，しかも主流の交易品は18世紀にはイギリス，フランス主導の下，利益率の高い植民地物産へと移行していった。しかし，バルト海商業圏における生活必需品の貿易についてはオランダの優位は変わらなかった。

　中世から近世にかけて税収が直接税から間接税へと重心移動する中で，特にハンブルクではビールは消費税の課税強化によって大きな歳入をもたらし，他方で，販売競争激化あるいは高関税等によるビールの消費，輸出の停滞等に対する対策によって販売競争に耐えうる輸出商品となった。逆にブラウンシュヴァイクでは輸入ビールは関税収入をもたらした。それらは以後，ハンザ都市が経済的になお繁栄を維持した一因ともいえよう。

　リューベックでは市の周辺地域に市産ビールを独占的に販売することによって経済活性化がはかられた。すなわち，地域経済の囲い込みにより市の経済力を保持しようとしたのである。しかし，それは，各ハンザ都市が連帯して商業を行なう旧来のハンザの体質を大きく変え，その弱体化を促進した。それぞれの都市が独自の経済活動を展開していく一つの起点となったと考えられるのである。このようにハンザ都市におけるビール醸造業の展開からはハンザの停滞とハンザ都市の繁栄維持は同時に進行していたことが推測されるのである。

　ハンブルクやヴィスマールでは，ビール輸出によって市の経済は発展した。しかし，旧来の規定順守によって生産されたビールは，自由な新しい技術によって生産された安価，良質なビールに敗北する。加えてビール消費はワイン

そしてコーヒー，紅茶などの飲み物が市民生活に浸透する中で急速に衰えていった。しかし，その流通網はハンブルクではワイン，植民地物産の流通網として機能し，海洋貿易だけでなく内陸河川，運河交通の進展をももたらし，ハンブルクを植民地物産の集散地として以後急速な発展へと導いたと思われるのである。

15世紀から16世紀へとオランダ，イギリスの商人がハンザ圏への進出を強め，ハンザの衰退が進行する中にあっても，ハンザ都市の総体的貿易量は決して減少していなかっただけでなく，ハンザ圏の人口増大とともに，各都市のその環境や規模に応じた独自の商業振興策の成果によって，各都市間で相違はあるものの，各都市は商業・経済力をある程度維持できたと考えられるのである。しかしそれは他方で，各都市がそれまで以上に独自性を強化し，特に地域の中心市場としての側面を強化した都市は自立性を高め，それ故に結果として協力して対外特権を維持してきたハンザ都市間の連帯のより一層の弱体化をもたらしたと考えられるのである。

17世紀にはハンブルクでは，大規模商業を中心とした新たな商業活動の展開や，ビール醸造業の再活性化が見られ，税収や関税収入も大幅に増大し，レンテの売買総額は増加し，ハンブルクが管理する地域の拡大，施設等の充実，補強が推測されるなど三十年戦争期にはむしろ貿易，経済は回復傾向にあった。以後の北海，バルト海貿易の基礎的展開が準備された時期ともいえよう。

ハンブルクでは三十年戦争期には間接税（消費税）は直接税を逆転し，しかも税収の約1/3がビール関連の消費税であった。17世紀前半の都市経済の基盤はビール消費税に依存するところが大きく，以後の市の発展の基礎ともなったと思われるのである。こうした消費税収入の増加は，市の人口増加によるところが大きいと考えられるが，戦火で都市，農村人口が失われる中で，ハンブルクでは封建権力者への多額の貸付によって友好関係を維持するとともに，多額の軍事費を投入して，多数の兵員を雇用し，安全，自由が確保された。その結果，市への人口流入も増大し人口も増加したと推定される。しかし，膨大な軍事費等の支出の結果，市の借入金も急増し，それに対応して16世紀から17

世紀前半まで借入金である市債発行残高も増加していた。その結果歳出に占める「利息」等の支出額は増加するなど市財政における負の要因も増した。

また，穀物価格をはじめ物価が上昇する中で，間接税課税強化による税負担がより一層中層以下の市民に重くのしかかり，その経済力を低下させ，市民間の経済格差は増大したとも思われる。このように市の経済発展と並行して，都市ハンブルクでは市民間の経済的格差の増大，特に下層市民の増加といった深刻な社会問題もまた進行していたと考えられるのである。

ヨーロッパでは，18世紀初頭以降ビール醸造業が衰退し，ワインや砂糖，コーヒー，紅茶等食生活を大きく変化させるような植民地物産が大量に流入し，ハンブルクでは精糖業が急速に展開し始めたのである。植民地物産の北ヨーロッパの一大集散港としてのあらたな商工業の展開は，市に急激な人口の増加をもたらし，以後のハンブルクの大発展の契機になったのではないかと考えられるのである。

18世紀にはハンブルクにもたらされる植民地物産取引の中心国が変化していく中で，変ることなくハンブルクに多くの物資がもたらされた一因は，河口に位置し安全であったこと，大洋に直接つながる北海に面し，エルベ河上流に広い後背地を有するなどの立地条件や中立の開かれた自由都市であったことであろうが，外国人の自由な経済活動の容認やそのネットワークの活用に加え，前述のようにワインにおけるボルドーと同様に既存のビール販売のネットワークが存在したからであろう。17世紀後半に最盛期をむかえたビール醸造業のネットワークを維持，支配してきた商人たちがその流通網を生かして何らかの形で市のワイン貿易，さらには植民地物産貿易を導いたと考えることは自然のことではなかろうか。

バルト海への塩貿易では終始オランダが中心的な役割を果たしていたが，植民地物産貿易ではオランダからフランスそしてイギリスへと中心的国家は変遷した。ハンブルクへの砂糖貿易はフランス，ポルトガルからイギリス経由が主流となり，ハンブルクでの精製後にバルト海や内陸地方へと再輸出されることが多くなったと思われる。18世紀末には多様な地域からの輸入が拡大してい

たコーヒーの輸入量も急増した。このように，近代の都市ハンブルクの急激な発展には植民地貿易，特に砂糖の輸入，精製，再輸出，同様にコーヒーの輸入，再輸出が大きく影響を与え，さらにそれは19世紀後半の発展への出発点となったと考えられるのである。

　リューベックは生活必需品の貿易を維持しながら，ワイン，植民地貿易にも参入していき，海峡経由の東方向け物資の集散地として成長したと考えられる。しかし，三十年戦争後に，リューベックに遅れて生活必需品の貿易に参入したロストク，シュトラールズントが植民地物産貿易にも進出すると，以後リューベックの貿易量に迫り，一時は超えることとなった。同時にポーランドのシュテティンの植民地物産貿易額が急増する。こうした動きに対応するようにリューベックは貿易量を急激に減少させていった。

　北方戦争後バルト海地域ではスウェーデン，シュテティンやダンツィヒの商業がさらに活発化する中で，ワイン貿易ではリューベックや両都市が輸送量を成長させ，リューベックが18世紀を通じて高い水準で維持したのに対し，ロストク，シュトラールズントはほとんど参入できなかった。そして，18世紀後半にはワイン貿易は総体的に減少もしくは停滞傾向を示すに至ったのであった。これらの事実は，バルト海においてリューベックを中心とした大きな商業圏が，中央集権国家の成長という地域の環境の変化とともに，特に東方のシュテティン，ダンツィヒが成長する中で，リューベックがバルト海での中心的地位を喪失していく過程とも考えられよう。

　このように同じハンザ都市とはいえ，ハンブルクとリューベックが異なる近代都市化の過程をたどっていただけでなく，バルト海地域の都市ですらその過程はそれぞれ異なっていた。まして，広域に点在するハンザ各都市では，社会環境や主要貿易が変化する過程で異なる道筋で近代都市化が進行したのは当然のことであろう。したがってハンザ都市の近代都市化過程の一般像を描き出すことは難しいことかもしれない。しかし，旺盛な商業活動を展開したハンザ商人に導かれた都市としての共通点は見出せないであろうか[1]。

（注）

1)　斯波照雄「中近世におけるハンザ都市リューベックとハンブルク」妹尾達彦編『ア
　　フロ・ユーラシア大陸の都市と社会』中央大学人文科学研究所研究叢書 74，中央大学
　　出版部，2020 年，639-661 頁参照。

参 考 文 献

Quellen

- Die älteren Zunftkunden der Stadt Greifswald. Hrsg. v. O. Krauze / K. Kunze. Pommersche Jahr-
  buch. Bd. 1. 1900.
- Die Chroniken der deutschen Städte vom 14. bis ins 16. Jahrhundert. Hrsg. durch die historische
  Kommission bei der Bayerischen Akademie der Wissenschaften. Bd. 6. Leipzig 1868.
- English overseas trade statistics 1697-1808. By E. B. Schumpeter. Oxford 1960.
- Hamburg Weg zum Haushaltsplan. Städteforschung. Reihe C. Bd. 6. Bearb. u. Hrsg. v. H. -J. Bohn-
  sack. Köln 1993.
- Hamburgische Burspraken 1346 bis 1594 mit Nachträgen bis 1699. Bearb. v. J. Bolland. Veröffent-
  lichungen aus dem Staatarchiv der Freien und Hansestadt Hamburg. Bd. 6. Hamburg 1960. Teil 2.
- Hamburgische Chroniken in niedersächsischer Sprache. Hrsg. v. J. M. Lappenberg. Wiesbaden 1861
  (1971).
- Das Handlungsbuch Vickos von Geldersen. Bearb. v. H. Nirrnheim. Hamburg 1895.
- Hanserezesse. Die Recesse und andere Akten der Hansetag. 1256-1430. Bd. 2. Leipzig 1872
  (1975).
- Hansisches Urkundenbuch. Bearb. v. K. Kunze. Bd. 4, Bd. 5. Halle 1896, 1899.
- Die Lübecker Pfundzollbücher 1492-1496. HGq. Neue Folge. Bd. 41. Teil 1-4. Bearb. v. H. -J.
  Vogtherr. Köln 1996.
- Lübeckisches Urkundenbuch. Hrsg. v. Vereine für Lübekische Geschichte und Altertumskunde. Bd. 5.
  Lübeck 1877.
- Revaler Zollbücher und -Quittungen des 14. Jahrhunderts. v. W. Stieda. HGq. Bd. 5. Halle 1887.
- Statistik des Hamburger seewärtigen Einfuhrhandels. im 18. Jahrhundert. Bearb. v. J. Schneider / O.
  Krawehl / M. Denzel. St. Katharinen 2001.
- Tabeller over Skibsfart og Varetransport gennem Øresund 1497-1660. Fører Del: Tabeller over
  Skibsfarten. Udgivet ved N. E. Bang. København 1906.
- Tabeller over Skibsfart og Varetransport gennem Øresund 1497-1660. Anden Del: Tabeller over
  Varetransporten A. Udgivet ved N. E. Bang. København 1922.
- Tabeller over Skibsfart og Varetransport gennem Øresund 1661-1783. Anden Del: Tabeller over
  Varetransporten. Fører Halvbind: 1661-1720. Udgivet ved N. E. Bang / K. Korst. København
  1939.
- Tabeller over Skibsfart og Varetransport gennem Øresund 1661-1783. Anden Del: Tabeller over

Varetransporten. Andet Halvbind I: 1721–1760. Udgivet ved N. E. Bang / K. Korst. København 1945.

- Tabeller over Skibsfart og Varetransport gennem Øresund 1661–1783. Anden Del: Tabeller over Varetransporten. Andet Halvbind II: 1761–1783. Udgivetved N. E. Bang / K. Korst. København 1953.

- Urkundenbuch der Stadt Braunschweig. Hrsg. v. L. Hänselmann / H. Mack. Bd. 1. Braunschweig 1873.

Literatur

- A. Agats, Der hansische Baien-Handel. Heidelberg 1904.

- E. Baasch, Hamburgs Seeschiffahrt und Waarenhandel vom Ende des 16. bis zur Mitte des 17. Jahrhunderts. ZVhG. Bd. 9. 1894.

- E. Baasch, Weinakzise und Weinhandel in Hamburg. ZVhG. Bd. 13. 1908.

- E. Baasch, Hamburg und Holland im 17. und 18. Jahrhundert. HGbll. Bd. 16. 1910.

- E. Baasch, Die Handelskammer zu Hamburg 1665–1915. Bd. I, II-1. Hamburg 1915.

- E. Baasch, Zur Statistik des Schiffspartenwesen. VSWG. Bd. 15. 1919.

- E. Baasch, Zur Statistik des Ein- und Ausfuhrhandels Hamburgs Anfang des 18. Jahrhunderts. HGbll. Bd. 54. 1929.

- E. Baasch, Der Verkehr mit Kriegsmaterialien aus und nach den Hansestädten vom Ende des 16. bis Mitte des 17. Jahrhunderts. Jahrbücher für Nationalökonomie und Statistik. Bd. 137. 1932.

- R. Barth, Argumentation und Selbstverständnis der Bürgeroposition in städtischen Auseinandersetzungen des Spätmittelalters. Lübeck 1403–1408-Braunschweig 1374–1376 Mainz 1444–1446-Köln 1396–1400. Köln 1976.

- H. P. Baum, Hochkonjunktur und Wirtschaftskrise im spätmittelalterlichen Hamburg. Hamburger Rentengeschäfte 1374–1410. BGH. Bd. 11. Hamburg 1976.

- H. P. Baum / R. Sprandel, Zur Wirtschaftsentwicklung im spätmittelalterlichen Hamburg. VSWG. Bd. 59. 1972.

- U. Becker, Kaffee-Konzentration. Zur Enwikulung und Organization des hansischen Kaffeehandel. Beiträge zur Unternehmensgeschichte. Hrsg. v. H. Pohl. Bd. 12. Stuttgart 2002.

- M. S. Beerbühl, Die Hamburger Krise von 1799 und ihre weltweite Dimmension. Hamburger Wirtschafts-Chronik. Bd. 10. 2012.

- G. Bergholz, Die Beckenwerkergilde zu Braunschweig. Braunschweig 1954.

- W. Bing, Hamburgs Bierbrauerei vom 14. bis zum 18. Jahrhundert. ZVhG. Bd. 14. 1908.

- C. v. Blanckenburg, Die Hanse und ihr Bier. Brauwesen und Bierhandel im hansischen Verkehrsgebiet. HGq. Neue Folge. Bd. LI. Köln 2001.

- K. Blaschke, Elbschiffahrt und Elbzölle im 17. Jahrhundert. HGbll. 82. 1964.
- J. Bleeck, Die Lüneburger Saline von 1797 bis 1923. Eine Entwicklung vom Mittelalter zur Neuzeit. Lüneburger Blätter. Heft 17. 1966.
- W. Böhnke, Der Binnenhandel des Deutscher Orden in Preussen. HGbll. 80. 1962.
- W. Bohehart, . . . nicht brothlos und nochleidend zu hinterlassen. Untersuchungen zur Entwicklung des Versicherungsdankens in Hamburg. Hamburg 1985.
- H. -J. Bohnsack, Die Finanzverwaltung der Stadt Hamburg. BGH. Bd. 43. Hamburg 1992.
- H. Böse, Lüneburgs Politische Stellung im wendischen Quartier der Hanse in der zweiten Hälfte des 15. Jahrhunderts. Lüneburg 1971.
- A. v. Brandt, Geist und Politik in der lübeckischen Geschichte. Lübeck 1954.
- O. Brandt, Geschichte Schleswig-Holsteins. Überarbeitet und erweitert v. W. Klüver. Kiel 1976.
- F. Bruns, Die Lübecker Bergenfahrer und ihre Chronistik. HGq. Neue Folge. Bd. 2. Berlin 1900.
- E. Cieślaka（ed）, Historia Gdańska. Tom Ⅲ-1: 1655-1793. Gdańska 1993.
- K. Czok, Zum Braunschweiger Aufstand 1374-1386. Hansische Studien. Berlin 1960.
- E. Daenell, Holland und die Hanse im 15. Jahrhundert. HGbll. 31. 1904.
- E. Daenell, Die Blütezeit der deutschen Hanse. Hansische Geschichte von der zweiten Hälfte des 14. bis zum letzten Viertel des 15. Jahrhunderts. Bd. 1, 2. Berlin 1905, 1906.
- P. Dohse, Der deutsche Zuckerhandel. Phil. Diss. Köln Univ. 1926.
- Ph. Dollinger, La Hanse. Paris 1964. 英訳：The German Hansa. Translated and edited by D. S. Ault ∕ S. H. Steinberg. London 1970. 日本語訳：高橋理監訳，奥村優子∕小澤実∕小野寺利行∕柏倉知秀∕高橋陽子∕谷澤毅訳『ハンザ 12-17 世紀』みすず書房，2016 年。
- H. Dürre, Geschichte der Stadt Braunschweig im Mittelalter. Braunschweig 1861（1974）.
- E. Dunsdorfs, Der Auszenhandel Rigas im 17. Jahrhundert, Coventus primus historicorum Balticorum Rigae 1937. Riga 1938.
- M. Eckold（Hrsg.）, Flüsse und Kanäle. Die Geschichte der deutschen Wasserstrassen. Hamburg 1998.
- E. Engel, Die deutsche Stadt des Mittelalters. München 1993.
- O. Fahlbusch, Die Bevölkerungszahl der Stadt Braunschweig im Anfang des 15. Jahrhunderts. HGbll. 18. 1912.
- O. Fahlbusch, Die Finanzverwaltung der Stadt Braunschweig 1374-1425. UdSR. Bd. 116. Breslau 1913（1970）.
- W. Fellmann, Die Salzproduktion im Hanseraum. Hansische Stuiden. 1961.
- G. Fengler, Untersuchungen zu den Einnahmen und Ausgaben der Stadt Greifswald im 14. und beginnenden 15. Jahrhundert（besonders nach dem Kämmereibuch von 1361-1411）. Greifswald 1936.

- W. Fleischfresser, Die politische Stellung Hamburugs in der Zeit des dreissigjährigen Krieges. Bd. 1 (1618-1626), Bd. 2 (1627-1629). Hamburg 1883, 1884.
- G. Franz, Der Dreissigjähige Krieg und das deutsche Volk. Stuttgart 1961.
- H. Freudenberger, Hamburgs Streit mit Christian IV. von Dänemark über den Glückstädter Zoll 1630-1645. Hamburg 1902.
- K. Fritze, Die Hansestadt Stralsund. Die beiden ersten Jahrhunderte ihrer Geschichte. Veröffentlichungen des Stadtarchivs Stralsund. Bd. 4. Schwerin 1961.
- K. Fritze, Tendenzen der Stagnation in der Entwicklung der Hanse nach 1370. Wissenschaftliche Zeitschrift der Ernst-Moritz-Arndt Universität Greifswalt. Gesellschafts- und Sprachwissenschaftliche Reihe. 5/6. Bd. 12. 1963.
- K. Fritze, Am Wendepunkt der Hanse. Berlin 1967.
- K. Fritze, Bürger und Bauern zur Hansezeit. AHS. Bd. 16. Weimar 1976.
- P. Gabrielsson, Struktur und Funktion der Hamburger Rentengeschäfte in der Zeit von 1471 bis 1490. BGH. Bd. 7. Hamburg 1971.
- H. Germer, Landgebietspolitik der Stadt Braunschweig bis zum Ausgang des 15. Jahrhunderts. Göttingen 1937.
- A. Graßmann, Lübeck im 17. Jahrhundert: Wahrung des Erreichten. Lübeckische Geschichte. Hrsg. v. A. Graßmann. Lübeck 2008.
- M. Hamann, Wismar-Rostock-Stralsund-Greifswald zur Hansezeit. Ein Vergleich. Vom Mittelalter zur Neuzeit. Hrsg. v. H. Kretzschmar. Berlin 1956.
- R. Hammel, Häusermarkt und wirtschaftliche Wechsellagen in Lübeck von 1284 bis 1700. HGbll. 106. 1988.
- R. Hammel-Kiesow, Hansischer Seehandel und wirtschaftliche Wechsellagen. Der Umsatz im Lübecker Hafen in der zweiten Hälfte des 14. Jahrhunderts, 1492-6 und 1680-2. Der Hansische Sonderweg? Beiträge zur Sozial- und Wirtschaftsgeschichte der Hanse. Hrsg. v. S. Jenks / M. North. HGq. Neue Folge. Bd. 39. Köln 1993.
- J. Hartwig, Lübecker Schoß bis zur Reformationszeit. Leipzig 1903.
- F. -W. Henning, Das Industrialsierung in Deutschland 1800 bis 1914. Paderborn 1973. 林達／柴田英樹訳『ドイツの工業化　1800-1914』学文社，1997年。
- F. -W. Henning, Das vorindustrielle Deutschland 800 bis 1800. Paderborn 1974. 柴田英樹訳『ドイツ社会経済史　工業化前のドイツ　800-1800』学文社，1998年。
- F. -W. Henning, Landwirtschaft und ländliche Gesellschaft in Deutschland 800 bis 1750. Bd. 1, Paderborn 1979.
- F. -W. Henning, Handbuch der Wirtschafts- und Sozialgeschichte Deutschlands. Bd. 1. München 1991.

- M. Hoffmann, Lübeck und Danzig nach dem Frieden zu Wordingborg. HGbll. 10. 1901.
- H. Huntemann, Bierproduktion und Bierverbrauch in Deutschland vom 15. bis zum Beginn des 19. Jahrhunderts. Phil. Diss. Göttingen Univ. 1970.
- E. Isenmann, Die deutsche Stadt im Mittelalter. Stuttgart 1988.
- S. Jenks, Der Frieden von Utrecht 1474. Der hansische Sonderweg? Beiträge zur Sozial- und Wirtschaftsgeschichte der Hanse. Hrsg. v. S. Jenks / M. North. HGq. Neue Folge. Bd. 39. Köln 1993.
- W. Jochmann, Hamburg. Geschichte der Stadt und ihrer Bewohner. Bd. 1. Hamburg 1982.
- N. Jörn, Vom lauen Verbündeten im Krieg zur Verhandlungsmasse im Frieden: Mecklenburg. Mit Schweden verbündet-von Schweden besetzt. Hrsg. v. I. Schmidt-Voges / N. Jörn. Hamburg 2016.
- D. Kattinger, Die Stadtentwicklung vom Ende des 13. Jahrhunderts bis 1500. Greifswald. Geschichte der Stadt. Hrsg. v. H. Wernicke. Schwerin 2000.
- H. Kellenbenz, Unternehmerkräfte im Hamburger Portugal- und Spanienhandel. Hamburg 1954.
- H. Kellenbenz, Sephardin an der unteren Elbe. Ihre wirtschaftliche und politische Bedeutung von Ende des 16. bis zum Beginn des 18. Jahrhunderts. VSWG. Beiheft 40. 1958.
- E. Klessmann, Geschichte der Stadt Hamburg. Hamburg 2002.
- G. Körner, Das Salzwerk zu Lüneburg. Lüneburger Blätter. Heft 7/ 8. 1957.
- F. Kopitzsch, Zwischen Hauptrezess und Franzosenzeit 1712-1806. Hamburg. Geschichte der Stadt und ihrer Bewohner. Bd. 1. Hrsg. v. H. -D. Loose. Hamburg 1982.
- F. Kopitzsch, Das 18. Jahrhundert: Vielseitigkeit und Leben. Lübeckische Geschichte. Hrsg. v. A. Graßmann. Lübeck 2008.
- W. Koppe, Lübeck-Stockholmer Handelsgeschichte im 14. Jahrhundert. Abhandlungen zur Handels- und Seegeschichte im Auftrage des hansischen Geschichtsvereins. Bd. 2. Neumünster 1933.
- K. Koppmann, Der Seeräuber Kraus Störtebeker in Geschichte und Sage. HGbll. 7. 1877.
- J. Kulischer, Allgemeine Wirtschaftsgeschichte des Mittelalters und der Neuzeit. Bd. 2. München 1929 (1976).
- K. Kunze, Zur Geschichte des Goslarer Kupferhandels. HGbll. 22. 1894.
- J. C. M. Laurent, Über das Bürgerbuch. ZVhG. 1841.
- T. Lindner, Die deutsche Hanse, Ihre Geschichte und Bedeutung. Leipzig 1899.
- K. -J. Lorenzen-Schmidt, Umfang und Dynamik des Hamburger Rentenmarktes zwischen 1471 und 1570. ZVhG. Bd. 65. 1979.
- K. -J. Lorenzen-Schmidt, Bier und Bierpreise in Schleswig-Holsteins Städten zwischen 1500 und 1560. Studien zur Sozialgeschichte des Mittelalters und der Neuzeit. Hrsg. v. F. Kopitzsch / K. -J. Lorenzen-Schmidt. Hamburg 1977.
- H. Mack, Die Finanzverwaltung der Stadt Braunschweig bis zum Jahre 1374. UdSR. Bd. 32. Breslau

1889.

- H. Mack, Handelsbeziehungen zwischen Braunschweig und Hamburg im 14. Jahrhundert. Braunschweiger Magazin. 1895.
- H. Mauersberg, Wirtschafts- und Sozialgeschichte zentraleuropäischer Städte in neuerer Zeit. Göttingen 1960.
- H. Mittag, Zur Struktur des Haushalt der Stadt Hamburg im Mittelaalter. Phil. Diss. Kiel Univ. 1914.
- H. Mitteis, Deutsche Rechtsgeschichte. ein Studienbuch, zweite, erweiterte Auflage. München 1952. 世良晃志郎訳『ドイツ法制史概説』創文社, 1954 年。
- T. Müller, Schiffahrt und Flösserei im Flussgebiet der Oker. BW. Bd. 39.
- A. Nedkvitne, The German Hansa and Bergen 1100-1600. HGq. Neue Folge. Bd. 70. Köln 2014.
- E. K. Newman, Anglo-Hamburg trade in the late seventeenth and early eighteenth centuries. Phil. Diss. University of London. 1979.
- E. Nissle, Hamburg in der Zeit des Dreissigjährigen Krieges. Hamburg 1990.
- M. North, Von der Atlantischen Handelsexpansion bis zur den Agrarreformen（1450-1815）. Hrsg. v. M. North. Deutsche Wirtschaftsgeschichte. München 2005.
- I. Pantel, Die hamburgische Neutralität im Siebenjährigen Krieg. Veröffentlichungen des Hamburger Arbeitskreises für Regionalgeschichte. Bd. 32. Berlin 2011.
- A. Petersson, Zuckersiedergewerbe und Zuckerhandel in Hamburg im Zeitraum von 1814 bis 1834. VSWG. Beiheft 140. 1998.
- A. Petersson, Zuckersiedergewerbe und Zuckerhandel in Hamburg. Von der Anfängen bis zum Ende der Kontinentalsperre. Hamburger Wirtscafts-Chronik. Neue Folge. Bd. 1. 2000.
- E. Pitz, Steigende und fallende Tendenzen in Politik und Wirtschaftsleben der Hanse im 16. Jahrhundert. HGbll. 102. 1984.
- P. C. Plett, Die Finanzen der Stadt Hamburg im Mittelalter（1350-1562）. Phil. Diss. Hamburg Univ. 1960.
- R. Postel, Beiträge zur hamburgischen Geschichte der Frühen Neuzeit. Geschichte und Wissenschaft. Bd. 18. Hamburg 2006.
- H. Potthoff, Der öffentliche Haushalt Hamburg im 15. und 16. Jahrhundert. ZVhG. 16. 1911.
- B. Poulsen, Middlemen of the Regions. Danish Peasant Shipping from the Middle Ages to c. 1650. Regional integration in Early Modern Scandinavia. ed. by F. -E. Eliassen / J. Mikkelsen / B. Poulsen. Odense 2001.
- E. Power / M. M. Postan, Studies in English trade in the fifteenth century. London 1951.
- C. Prange, Das Gewerbe Zuckersieder in Hamburg. Schriften aus dem Zucker-Museum. Heft 24. Zuckerhistorische Miszellen. Teil 3. 1987.

- H. Raape, Der Hamburger Aufstand im Jahre 1483. ZVhG. Bd. 45. 1959.
- R. Ramcke, Die Beziehungen zwischen Hamburg und Österreich im 18. Jahrhundert. Kaiserlich-reichsstädtisches Verhältnis im Zeichen von Handels- und Finanzinteressen. BGH. Bd. 3. Hamburg 1969.
- H. L. Reimann, Unruhe und Aufruhr im mittelalterlichen Braunschweig. BW. Bd. 28. Braunschweig 1962.
- H. Reincke, Hamburgische Territrialpolitik. ZVhG. Bd. 38. 1937.
- H. Reincke, Bevölkerungsprobleme der Hansestädte. HGbll. 70. 1951.
- H. Reincke, Forschungen und Skizzen zur hamburgische Geschichte. Veröffentlichungen aus dem Staatsarchiv der Hansestadt Hamburg. Hamburg 1951.
- H. Reincke, Die alte Hamburger Stadtschuld der Hansezeit（1300-1563）. Städtewesen und Bürgertum als geschichtliche Kräfte. Gedächtnisschrift für F. Rörig. Hrsg. v. A. v. Brandt / W. Koppe. Lübeck 1953.
- M. Ressel, Von der Hanse zur Hanseatischen Gemeinschaft. Die Entstehung der Konsulatsgemeinschaft von Bremen, Hamburg und Lübeck. HGbll. 130. 2012.
- F. Rörig, Hansische Beiträge zur deutschen Wirtschaftsgeschichte. Breslau 1928.
- U. Rosseaux, Städte in der Frühen Neuzeit. Darmsstadt 2006.
- Rh. A. Rotz, Urban uprisings in fourteenth-century Germany: a comparative study of Brunswick（1374-1380）and Hamburg（1376）. Phil. Diss. Princeton Univ. 1970.
- H. Sauer, Hansestädte und Landesfürsten. HGq. Neue Folge. Bd. 16. 1971.
- D. Schäfer, Die deutsche Hanse. Bielefeld 1903.
- G. Schanz, Englische Handelspolitik gegen Ende des Mittelalters. Bd. 2. Leipzig 1881.
- J. Schildhauer, Soziale, politische und religiöse Auseinandersetzungen in den Hansestädten Stralsund, Rostock und Wismar im ersten Drittel des 16. Jahrhunderts. AHS. Bd. 2. Weimar 1959.
- J. Schildhauer / K. Fritze / W. Stark, Die Hanse. Berlin 1974.
- B. Schmidt, Hamburg im Zeitalter der Französischen Revolution und Napoleons（1789-1813）. Teil 1. BGH. Bd. 55. Hamburg 1998.
- Y. Schreuder, Amsterdam's Sephardic merchants and the Atlantic suger trade in the seventeenth century. Cham 2019.
- S. Schukys, Die Einwirkungen des Dreissigjährigen Krieges auf den Fernhandel Hamburgs. Der Krieg vor den Toren. Hamburg im Dreissigjährigen Krieg 1618-1648. BGH. Bd. 60. Hrsg. v. M. Knauer / S. Tode. Hamburg 2000.
- E. Schulze, Das Herzogtum Sachsen-Lauenburg und die lübische Territorialpolitik. Quellen und Forschungen zur Geschichte Schleswig-Holsteins. Bd. 33. Neumünster 1957.
- A. Soetbeer, Über Hamburgs Handel. Hamburg 1840.

- A. Soom, Der Handel Revals im Siebzehnten Jahrhundert. Wiesbaden 1969.
- W. Spieß, Fernhändlerschicht und Handwerkermasse in Braunschweig bis zur Mitte des 15. Jahrhunderts. HGbll. 63. 1938.
- W. Spieß, Die Goldschmiede, Gerber und Schuster in Braunschweig. BW. Bd. 22. Braunschweig 1958.
- W. Spieß, Die Ratsherren der Hansestadt Braunschweig 1231-1671. BW. Bd. 42. Braunschweig 1970.
- R. Sprandel, Das Hamburger Pfundzollbuch von 1418. HGq. Neue Folge. Bd. 18. Köln 1972.
- R. Sprandel, Der Hafen von Hamburg. See- und Flusshäfen vom Hochmittelalter bis zur Industrialisierung. Hrsg. v. H. Stoob. Köln 1986.
- W. Stark, Lübeck und Danzig in der zweiten Hälfte des 15. Jahrhunderts. Untersuchungen zum Verhältnis der wendischen und preußischen Hansestädte in der Zeit des Niedergangs der Hanse. AHS. Bd. 11. Weimar 1973.
- W. Stein, Die Burgunderherzöge und die Hanse. HGbll. 29. 1902.
- W. Stein, Die Hanse und England beim Ausgang des hundertjährigen Kriegs. HGbll. 46. 1921.
- W. Stieda, Hansische Vereinbarungen über städtisches Gewerbe im 14. und 15. Jahrhundert. HGbll. 15. 1886.
- W. Stieda, Das Schonenfahrergelag in Rostok. HGbll. 19. 1890 / 91.
- W. Stieda, Städtische Finanzen im Mittelalter. Jahresbücher Nationalökonomie und Statistik. Folge 3. Bd. 17. 1899.
- T. Stieve, Der Kampf um die Reform in Hamburg 1789-1842. Hamburg 1993.
- F. Techen, Das Brauwerk in Wismar. I , II . HGbll. 41, 42. 1915, 1916.
- W. Vogel, Zur Größe der europäischen Handelsflotten im 15., 16. und 17. Jahrhundert. Forschungen und Versuche zur Geschichte des Mittelalters und der Neuzeit. Festschrift D. Schäfer. Jena 1915.
- J. F. Voigt, Nachträge zur Geschichte des Kriegswesens der Stadt Hamburg in der ersten Hälfte des 17. Jahrhunderts. Mitteilungen Vereins für Hamburgische Geschichte. Bd. 10. (Jg. 29) Heft 2. 1909.
- J. F. Voigt, Die Anleihen der Stadt Hamburg während der Jahre 1601 bis 1650. ZVhG. Bd. 17. 1912.
- F. Voigt, Der Haushalt der Stadt Hamburg 1601 bis 1650. Hamburg 1916.
- P. Voss, »Eine Fahrt von wenig Importantz?« Der hansische Handel mit Bordeaux 1670-1715. Niedergang oder Übergang? Zur Spätzeit der Hanse im 16. und 17. Jahrhundert, Hrsg. v. A. Grassmann. HGq. Neue Folge. Bd. 44. Köln 1998.
- K. Weber, Die Admiralitätszoll- und Convoygeld-Einnahmebücher. Eine wichtige Quelle für Hamburgs Wirtschaftsgeschichte im 18. Jahrhundert. Hamburger Wirtschafts-Chronik. Neue Folge. Bd. 1.

2000.

・C. Wehrmann, Überblick über die Geschichte Lübecks. Lübeck.

・E. Wiskemann, Hamburg und die Welthandelspolitik von den Anfängen bis zur Gegenwart. Hamburg 1929.

・H. Witthöft, Lüneburger Schiffer-Ämter. Lüneburger Blätter. Heft 9. 1958.

・A. Wohlwill, Aus drei Jahrhunderten der Hamburgischen Geschichte.（1648-1888）Jahrbuch der Hamburgischen Wissenschaftlichen Anstalten. XIV. Hamburg 1897.

・K. Zeiger, Hamburgs Finanzen von 1563-1650. Hamburger wirtschafts- und sozialwissenschaftliche Schriften. Heft 34. Rostock 1936.

・Den Store Danske Encyklopædi. Gyldendal. デンマークの百科事典。

・明石欽司「「ハンザ」と近代国際法の交錯（一）（二）―17 世紀以降の欧州「国際」関係の実相―」『法学研究』（慶應義塾大学），第 79 巻第 4 号，2006 年，第 5 号，2006 年。

・阿部謹也「中世ハンブルクのビール醸造業と職人」『一橋論叢』第 83 巻第 3 号, 1957 年。

・石坂昭雄「16 世紀におけるネーデルラント・プロテスタントのドイツ散在―その経済史的意義」『北海道大学経済学研究』第 27 巻第 1 号，1977 年。

・稲元格「中世ハンブルクの市民協定」『近畿法学』第 60 巻第 1 号，2012 年。

・小倉欣一「ランデスヘル租税政策と中世都市の自治―ヘッセン方伯居城都市マールブルクにおける「領邦と都市」論」『経済経営論集』東洋大学創立 80 周年記念特集号，経済学部編，1967 年。

・菊池雄太「ヨーロッパ世界商業におけるハンブルクの役割（17 ～ 18 世紀)」『比較都市史研究』第 27 巻第 1 号，2008 年。

・菊池雄太「ハンブルクの陸上貿易 1630-1806 年―内陸とバルト海地方への商品流通―」『社会経済史学』第 78 巻第 2 号，2012 年。

・菊池雄太「近世ハンブルクのバルト海海上貿易―中継貿易都市の流通構造に関する一考察―」『社会経済史学』第 79 巻第 2 号，2013 年。

・菊池雄太「ハンブルクにおける西・南ヨーロッパ外来商人のイベリア貿易とバルト海地方（17 世紀前半）―商品取引・制度・ネットワーク―」『香川大学経済論叢』第 87 巻第 3・4 号，2015 年。

・君塚弘恭「近世フランスの北大西洋世界―港湾ネットワークからみた多重経済構造」田中きく代／阿河雄二郎／金澤周作編著『海のリテラシー―北大西洋海域の「海民」の世界史』創文社，2016 年。

・齋藤豪大／池谷文夫「近世スウェーデン塩交易構造の変容（1641-1700 年)」『茨城大学教育学部紀要（人文・社会科学，芸術)』62 号，2013 年。

・白井隆一郎『コーヒーが廻り世界史が廻る』中公新書 1095，中央公論社，1992 年。

・神寳秀夫『中・近世ドイツ都市の統治構造と変質─帝国自由都市から領邦都市へ─』創文社，2010年。

・関谷清『ドイツ・ハンザ史序説』比叡書房，1973年。

・高橋理『ハンザ同盟─中世の都市と商人たち─』教育社歴史新書，1980年，増補改訂版『ハンザ「同盟」の歴史─中世ヨーロッパの都市と商業─』創元社，2013年。

・高村象平『ドイツ中世都市』一條書店，1959年。

・高村象平『ドイツ・ハンザの研究』日本評論新社，1959年。

・谷澤毅「近世初頭のバルト海貿易」『早稲田大学経済学研究』35，1992年。

・谷澤毅「ハンザ期リューベック商業の諸相─近年の研究成果から─」『長崎県立大学論集』第40巻4号，2007年。

・谷澤毅『北欧商業史の研究─世界経済の形成とハンザ商業』知泉書館，2011年。

・玉木俊明『北方ヨーロッパの商業と経済 1550-1815』知泉書館，2008年。

・玉木俊明『近代ヨーロッパの誕生 オランダからイギリスへ』講談社選書メチエ448，2009年。

・玉木俊明『先生も知らない世界史』日経プレミアムシリーズ，日本経済新聞出版社，2016年。

・角山栄『辛さの文化 甘さの文化』同文舘，1987年

・中村賢二郎「14・15世紀の西ヨーロッパ諸国─ドイツ─」『世界歴史』中世5，岩波書店。

・服部晴彦「18世紀フランス植民地貿易再考」『京都大学文学部紀要』第27号，1988年。

・松田智雄『ドイツ資本主義の基礎研究』岩波書店，1967年。

・南直人『〈食〉から読み解くドイツ近代史』ミネルヴァ書房，2015年。

・森田安一『スイス中世都市史研究』山川出版社，1991年。

・山瀬善一「ヨーロッパにおける中世都市の財政とその制度」『国民経済雑誌』（神戸大学）第115巻第4号，1967年。

・山瀬善一「ヨーロッパの歴史における生活と塩」『国民経済雑誌』（神戸大学）第149号第3巻，1984年。

・渡辺尚「いわゆる「植民地物産」について─本源的蓄積の商品史的検討（1）〜（4）─」『経済論叢』（京都大学）132巻1・2号，1983年，133巻1・2号，1984年，135巻1・2号，1985年，136巻1号，1985年。

・W. アーベル，寺尾誠訳『農業恐慌と景気循環─中世中期以来の中欧農業及び人口扶養経済の歴史』未來社，1972年。

・C. V. ウェッジウッド，瀬原義生訳『ドイツ三十年戦争』刀水書房，2003年。

・D. カービー／M. -L. ヒンカネン，玉木俊明／牧野正憲／谷澤毅／根本聡／柏倉知秀訳『ヨーロッパの北の海─北海・バルト海の歴史』刀水書房，2011年。

・M. カーランスキー，山本光伸訳『塩の世界史』扶桑社，2005 年。

・J. ド・フリース／A. ファン・デァ・ワウデ，大西吉之／杉浦未樹訳『最初の近代経済—オランダ経済の成功・失敗と持続力 1500-1815—』名古屋大学出版会，2009 年。

・L. ミューラー，玉木俊明／根本聡／入江幸二訳『近世スウェーデンの貿易と商人』嵯峨野書院，2006 年。

・北原博／森貴史訳『18 世紀ドイツビールの博物誌—完全なるビール醸造家—』関西大学出版部，2005 年。Der vollkommene Bierbrauer. Frankfurt / Leipzig 1784.

・斯波照雄『中世ハンザ都市の研究—ドイツ中世都市の社会経済構造と商業—』勁草書房，1997 年。

・斯波照雄『ハンザ都市とは何か—中近世北ドイツ都市に関する一考察—』中央大学出版部，2010 年。

・斯波照雄「ハンザ都市ハンブルクの発展と醸造業」木立真直／辰馬信男編『流通の理論・歴史・現状分析』中央大学企業研究所研究叢書 26，中央大学出版部，2006 年。

・斯波照雄「中世末から近世の都市ハンブルクの経済発展と財政基盤」『商学論纂』第 51 巻第 3・4 号，2010 年。

・斯波照雄「15 〜 16 世紀におけるハンザ都市の商業振興」『商学論纂』第 54 巻第 3・4 号，2012 年。

・斯波照雄「中世末期ハンザ都市ブラウンシュヴァイクの財政」『商学論纂』第 54 巻第 6 号，2013 年。

・斯波照雄「中近世ハンザ都市におけるビール醸造業について」『商学論纂』第 55 巻第 1・2 号，2013 年。

・斯波照雄「中世末期におけるグライフスヴァルトの財政」『商学論纂』第 56 巻第 3・4 号，2014 年。

・斯波照雄「中世末期のハンザ都市の税収について」佐久間英俊／木立真直編『流通・都市の論理と動態』中央大学企業研究所研究叢書 36，中央大学出版部，2015 年。

・斯波照雄「ハンザ都市の商業構造—北海・バルト海における塩とビール—」斯波照雄／玉木俊明編『北海・バルト海の商業世界』悠書館，2015 年。

・斯波照雄「中世末期のハンザ都市財政における歳出について」『商学論纂』第 57 巻第 3・4 号，2016 年。

・斯波照雄「中近世バルト海域における塩の貿易について」『武蔵野法学』第 5・6 号，2016 年。

・斯波照雄「17 〜 18 世紀における都市ハンブルクの経済事情」『法学新報』第 124 巻第 1・2 号，2017 年。

・斯波照雄「17 〜 18 世紀におけるハンザ都市リューベックの経済事情」『商学論纂』第 59

巻第 3・4 号，2018 年。

・斯波照雄「三十年戦争期のハンブルク」『商学論纂』第 60 巻第 5・6 号，2019 年。

・斯波照雄「中世ハンザ都市の近代都市化移行過程の比較研究」木立真直／佐久間英俊編『現代流通変容の諸相』中央大学企業研究所研究叢書 41，中央大学出版部，2019 年。

・斯波照雄「中近世におけるハンザ都市リューベックとハンブルク」妹尾達彦編『アフロ・ユーラシア大陸の都市と社会』中央大学人文科学研究所研究叢書 74，中央大学出版部，2020 年。

多く利用された史料，シリーズ文献名，雑誌名等は以下のように略す。

Abhandlungen zur Handels- und Sozialgeschichte. = AHS.

Beiträge zur Geschichte Hamburgs. = BGH.

Braunschweig Werkstücke. = BW.

Die Chroniken der deutschen Städte vom 14. bis ins 16. Jahrhundert. Hrsg. durch die historische Kommission bei der Bayerischen Akademie der Wissenschaften. = CS.

Hanserecesse. Die Recesse und andere Akten der Hansetage 1256-1430. = HR.

Hansische Geschichtsblätter. = HGbll.

Hansische Geschichtsquellen. = Quellen und Darstellungen zur Hansischen Geschichte（Hrsg. v. Verein für hansische Geschichte）. = HGq.

Hansisches Urkundenbuch. = HUB.

Tabeller over Skibsfart og Varetransport gennem Øresund 1497-1660. Førster Del. Tabeller over Skibsfarten. Udgivet ved N. E. Bang. København 1906. = Tabeller over Skibsfart og Varetransport gennem Øresund. 1497-1660. ①.

Tabeller over Skibsfart og Varetransport gennem Øresund 1497-1660. Anden Del: Tabeller over Varetransporten A. Udgivet ved N. E. Bang. København 1922. =Tabeller over Skibsfart og Varetransport gennem Øresund. 1497-1660. ②.

Tabeller over Skibsfart og Varetransport gennem Øresund 1661-1783. Anden Del: Tabeller over Varetransporten. Udgivet ved N. E. Bang / K. Korst. Førster Halvbind: 1661-1720. København 1939. = Tabeller over Skibsfart og Varetransport gennem Øresund. 1661-1720. ③.

Tabeller over Skibsfart og Varetransport gennem Øresund 1661-1783. Anden Del: Tabeller over Vare-transporen. Andet Halvbind Ⅰ: 1721-1760. Udgivet ved N. E. Bang / K. Korst. København 1945. = Tabeller over Skibsfart og Varetransport gennem Øresund. 1721-1760. ④.

Tabeller over Skibsfart og Varetransport gennem Øresund 1661-1783. Anden Del: Tabeller over Vare-transporten. Andet Halvbind Ⅱ:1761-1783. Udgivet ved N. E. Bang / K. Korst. København 1953. = Tabeller over Skibsfart og Varetransport gennem Øresund. 1761-1783. ⑤.

Untersuchungen zur deutschen Staats- und Rechts geschichte. = UdSR.

Vierteljahrschrift für Sozial- und Wirtschaftsgeschichte. = VSWG.

Zeitschrift des Vereins für hamburgische Geschichte. = ZVhG.

Zeitschrift des Vereins für lübeckische Geschichte und Altertumskunde. = ZVlG.

索　　引

155

著者紹介

斯 波 照 雄（しば・てるお）

1975 年金沢大学大学院文学研究科修了
慶應義塾大学大学院経済学研究科を経て
1997 年中央大学商学部助教授
1999 年中央大学商学部教授
2020 年中央大学名誉教授
武蔵野大学客員教授，経済学博士
［主要著書］
『中世ハンザ都市の研究―ドイツ中世都市の社会経済構造と商業―』
勁草書房，1997 年
『ハンザ都市とは何か―中近世北ドイツ都市に関する一考察』中央大
学出版部，2010 年
『西洋の都市と日本の都市どこが違うのか―比較都市史入門』学文
社，2015 年
『西洋都市社会史―ドイツ・ヨーロッパ温故知新の旅―』学文社，
2018 年

中近世ハンザ都市の展開　　　中央大学学術図書（101）

2020 年 12 月 15 日　初版第 1 刷発行

著　者　斯　波　照　雄

発行者　松　本　雄　一　郎

発行所　中　央　大　学　出　版　部

郵便番号 192-0393
東京都八王子市東中野 742-1

電話 042(674)2351　FAX 042(674)2354
http://www2.chuo-u.ac.jp/up/

©2020 Teruo Shiba　　　　　　　　　印刷　藤原印刷㈱

ISBN978-4-8057-2186-5